絶対成功する！

外国語活動 35時間の授業
アイデアブック

瀧沢広人 著

小学
3 年

明治図書

いよいよ2020年度より，外国語の勉強が小学校３年生から始まります。

思えば，昭和61（1986）年の臨時教育審議会における「英語教育の開始時期についても検討を進める」（教育改革に関する第二次答申）から小学校英語教育の検討が始まりました。それから約34年。いよいよ，外国語の授業が教科となり，５・６年生で週２時間の英語学習が，３・４年生で外国語活動として週１時間の英語学習が始まることとなります。この間，1992年に大阪の公立小学校２校で英語教育の研究開発が始まり，2002年には，総合的な学習の時間の中で英語活動を実施することが可能となりました。2011年には，小学校５・６年生で週１時間の外国語活動が教育課程に盛り込まれ，「英語ノート」と呼ばれる教材や「Hi, friends！」が生まれ，2017年には，2020年度からの新教育課程に向けて，中学年で「Let's Try！」，高学年で「We Can！」が作られ，現在に至っています。

全国の小学校では，英語教育に対応すべく，校内研修を開いたり，研究委嘱を受け英語教育の研究を推進したり，また，中学校英語の免許を取得するため通信教育また免許認定講習などを受ける小学校教員もいました。皆，自助努力をして英語教育の教科化に向かいました。今度５・６年生で教科書もできますが，意味ある言語活動コミュニケーションを大切にしている小学校英語の歴史的遺産をぜひ忘れることなく，次の時代へと引き継いでいってもらいたいと思います。

さて，本書は，小学校３年生の35時間の英語授業について，「Let's Try！１」を用いた授業を紹介しています。そのまま行ってもよいですが，本書を読みながら，「私なら，ここはこうするな」「このアイデアはいただき！」と思いながら，どうぞ参考にしていただければ嬉しく思います。限られた２ページで１時間の授業（ゆとりをもたせて40分構成にしています。）を見開きで紹介しています。アイデアはなにもないところからは生まれません。周りにあるアイデアを「自分ならこうするな」「ここをこう変えてみよう」と思ってやるところに，先生方のオリジナリティが生まれます。ぜひ，英語の授業を楽しんでもらえたらと思います。

英語の授業には，他の授業にない楽しさがあります。児童も，児童同士英語でやり取りをしながら，友達のよさや意外な一面を知り，「本当？」とコミュニケーションをすることの楽しさを学びます。また，世界には色々な習慣や文化があることを知り，世の中の多様性を知り，異質なものを受け入れる資質も育ちます。

まだまだ小学校英語教育には課題や，やるべきことが残っていますが，全国の皆さんで，工夫改善を行い，児童のためによりよい教育ができますよう，授業研究を行い，楽しんで授業をしましょう。

2020年２月　　　　　　　　　　　　　　　　岐阜大学教育学部准教授　瀧沢広人

もくじ

Chapter 1

絶対成功する！
小学3年 外国語活動のポイント10.....5

Chapter 2

授業細案でみる！
Let's Try! 1 35 時間の指導アイデア.....17

Chapter1

絶対成功する！

小学3年
外国語活動の
ポイント10

1 なぜ小学校から英語なの？

　今まで中学校から始まっていた外国語の授業が，今度は，小学校３年生から始まります。では，なぜ外国語教育のスタートが，小学校までおりてきたのでしょうか。それにはいくつか理由があると思いますが，その最たるものを考えると，私は，大きく次の３点が，外国語を学ぶ小学生の適性と考えます。

　１つ目は，「**年齢が低い方が英語を発することに抵抗がなく，積極的にコミュニケーションをしようとする姿勢がある**」ということです。言葉というものを分析的に捉えず，言葉をありのままの言語として捉え，それを真似して表現していく資質が，小学生には備わっていると思います。よって，中学年の児童には，「歌」や「絵本」を活用し，英語のリズムや表現を，それこそ体験的に学ばせ，楽しく元気のある授業を展開したいものです。

　２つ目は，「**小さい時ほど耳がよく，英語の発音，リズム，イントネーションに親しみながら，身に付けられるから**」というのがあります。子どもは聞いたものを，見事にそのまま真似をし，習得していきます。だからと言って，日本人教師の発音に引け目を感じてはいけません。日本人教師として，外国語を使ってコミュニケーションをとろうとしている姿を児童に見せることは，確実に児童の積極的なコミュニケーションの態度の育成につながっていくことと思います。

　３つ目は，「**小さい頃から異文化や自分とは異なるものの見方・考え方に触れる機会となる**」ということです。「Let's Try！１」の Unit 4 に，虹の色を扱っています。通常日本では７色と思っている虹の色も，国によって見方が異なり，６色であったり，５色であったり，アフリカでは４色と捉えたりするところもあります。自分が思っていたことと違う考えが世の中にはあるものだということを体験的に学んでいくことは，異文化を扱っている外国語の授業だからこそできることなのではないかと考えます。価値観が固まっていない時期に，様々な文化に触れることで，多様な見方・考え方のできる人間へと成長していくことにつながるかと思います。
　外国語学習には，臨界期というものは確認されていません。しかし，その時期に学習した方がよいという "敏感期" はあるように思われます。
　小学校ならではのよさを活かし，楽しい授業を展開していきましょう。

2 小学校外国語活動の定番ゲームを身に付けよう

　小学校外国語活動には，いくつかの定番ゲームがあります。まずそれらのやり方を教師が身に付けて，授業でやってみてください。児童の活動的な姿に，「え？こんなゲームでこんなに盛り上がるの？」と思わざると得ないのではないかと思います。

＼ キーワード・ゲーム（例：Unit 6）／

　これは，小学校外国語活動ではもっともポピュラーなゲームと言っていいでしょう。児童はペアになり，机を向かい合わせにして中央に消しゴムを置きます。キーワードを決めます。児童は教師の後に単語を繰り返しますが，キーワードが聞こえたら消しゴムを素早く取るというゲームです。非常に盛り上がるゲームです。キーワードを変えながら，リズム・テンポよくやっていきます。5回終わったらペアを変えるなど，対戦相手を変えるといいでしょう。Unit 6ではアルファベットなので，キーアルファベット・ゲームという名称で行っています。

＼ ミッシング・ゲーム ／

　黒板にイラストを貼ります。例えば，食べ物のイラストとしましょう。児童に食べ物の語彙を数回繰り返させた後，Go to sleep. と言って，机に顔を伏せさせます。その間に教師は黒板に貼ってある食べ物イラストの中から1枚，抜き取ってしまいます。Wake up. と言って，顔をあげさせ，何がなくなっているか児童が答えるというゲームです。例えば，アメリカンドッグのイラストがなくなっていれば，corn dog！と児童は英語で言います。つまり，ここで言えるということは，その語彙が理解でき，さらに発信できているという証拠になります。

＼ おはじきゲーム（例：Unit 3）／

　1〜20までの数字の上に，おはじきを5つ載せます。教師が数字を言っていきますので，おはじきがその数字の上にあれば，おはじきを取っていきます。すべておはじきが取れたら，あがりです。これは，TPR（Total Physical Response：全身反応教授法）の考え方と同じで，発話を強制せず，聞いて動作で示すという点で，児童も安心してゲームに取り組める活動となっています。おはじきがない場合は，鉛筆や消しゴムなどの文房具を利用してもいいでしょう。

＼ ポインティング・ゲーム ／

　その名の通り，指さしゲームです。教師の言う英語を聞いて，児童がその絵を指さしていきます。変化をつけて，一度置いた指は離すことができないという制約を設けても面白いでしょう。
　ぜひ，小学校英語の定番ゲームの50個程度は身に付けておきましょう。

3 歌の指導はどうすればいいの？

　小学生の特性として，「小さい時ほど耳がよく，英語の発音，リズム，イントネーションに親しみながら，身に付けられるから」（本書6ページ）というのがあります。まさしく，児童は英語の歌を耳で覚えてしまいます。また，歌にはメロディーがあり，いつまでも頭の中に残っている場合が少なくないのではないかと思います。そして，知らず知らずのうちに口ずさんでいたということもあるでしょう。そんな歌の指導法では，黒板に曲の長さ分，線を描いていく方法があります。東京学芸大学の粕谷恭子先生に教わりました。

　例えば，The Rainbow Song（Unit 4）では，歌を聞きながら，曲の長さに合わせて黒板に線を引いていきます。線を引くだけです。

〈板書〉

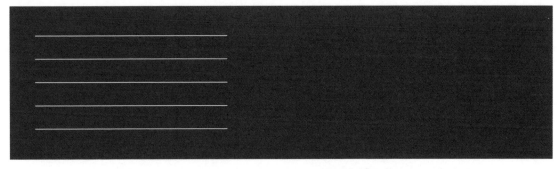

　2回目は，歌を聞きながら，どこを歌っているのか教師が線を指していきます。

　数回聞いた後，「What colors can you hear？（どんな色が出てきた）」と聞きます。するとPink！とか言ってきますので「Where（どこらへんで聞こえた）？」と聞きます。

　児童は，口ずさみながら（Red and yellow and pink...）「あっ！一番上の線の右の方」と言います。そこで，用意しておいたピンクのカードを一段目の右の方に貼ります。

　「Any other colors？」と尋ね，Red！と言ってきたら，「Where？」と尋ね，「一番上の左！」と返ってきたら，赤のカードを一番上の左に貼ります。

　このように色を出させた後，正しい順序になっているか歌を聞きます。勿論，色の他にも，「T：他に聞き取れた英語ある？」と聞き，「C：シンガーレインボウ」「T：どこ？」「C：一番下」「T：へえ～。聞いてみようか」と言って歌を聞きながら，「T：ああ，あったね！すごい！」と誉めながら，たくさん聞かせます。だんだんと児童が歌える状態になったら，「じゃ，みんなで歌ってみよう」と言って，歌えていることを誉めましょう。英語指導は，音から文字が原則です。

4 アルファベットの指導はどうすればいいの？

　小学3年生では，アルファベットの大文字を学習します。どこまで指導すればよいのかは「学習指導要領」（「聞くこと」の目標 ウ）に書かれています。

> 文字の**読み方**が発音されるのを聞いた際に，どの文字であるかが分かるようにする。
>
> （下線と太字は筆者）

　ここで，「読み方」とあるのは，解説でも書かれている通り，「文字の名称」（p.20『小学校学習指導要領解説　外国語活動・外国語編』）となります。

　つまり，A・B・Cなら，「エイ・ビー・スィー」と発音されて，それがどの文字であるかが分かるということです。

　そして，その目標を達成するための具体的な学習には，

> 文字の読み方が発音されるのを聞いて，活字体で書かれた文字と結び付ける活動
> 　　　　　（p.31　『小学校学習指導要領解説　外国語活動・外国語編』）

とあります。例示として「活字体で書かれた文字を指したり，発音された順に文字カードを並べ替えたり線でつないだりして，『読み方』と『文字』を一致させていく活動等」と示されています。

　このように，アルファベットの学習では，「発音された文字が，どのアルファベットであるかどうかが分かる」ということで，「おはじきゲーム」や「ポインティング・ゲーム」「カルタ遊び」「ビンゴ」や「ARZゲーム」などで，遊びを通じ，文字に慣れ親しませていくとよいでしょう。

　しかし，ゴールはそうだとしても，指導すべきことで大事なことは，まずは「正しく発音する」ではないかと思います。それも3年生の時に，一応は正しい音を教える必要があると思います。あまり無理強いしない程度に，Fの「フ」は下唇を噛んで，「フッ」と息を出すんだよ…ということを実際にやって見せ，「英語ではそういう口の使い方があるんだ」と思わせることは大切なのではないかと思います。

　よって3年生では「アルファベットが読めること」「アルファベットの読み方を聞いて，大文字のアルファベットを見つけることができること」の2点となります。

5 基本表現はどうやって指導したらいいの？

「学習指導要領」には、「基本的な表現を用いて」という文言がいくつも出てきます。では、3年生教材の「Let's Try！1」では、どのような基本的な表現が出ているでしょうか。

〈小学校3年生で学習する基本的な表現〉

Unit 1	挨拶・自己紹介	Hello. I'm Hiroto. I'm from Tokyo. Goodbye. See you.
Unit 2	日常的な挨拶	How are you？ I'm good.
Unit 3	数を尋ねる	How many？ / That's right.
Unit 4	好きなもの	I like apples. I don't like apples. Do you like apples？ Yes, I do. No, I don't.
Unit 5	何が好き？	What do you like？ What sports do you like？
Unit 6	物のやり取り	〜, please. Here you are. Thank you. You're welcome.
Unit 7	プレゼント	This is for you.
Unit 8	物を尋ねる	What's this？ It's a spider. / Hint, please.
Unit 9	人物を尋ねる	Are you a dog？ Yes, I am. No, I'm not. Who are you？

＊ Unit 7 で、What do you want？という表現も扱っていますが、そこでは、What do you want？の表現は主項目では扱っていないことと、What do you want？は、小学校4年生でも学習することもあることから、小学校3年生からは除外してあります。

　このように表にして考えてみると、そんな多くの表現を扱っているわけではないことに気付くでしょう。これらの表現に「慣れ親しませる」ようにすればいいのです。
　基本的な指導手順は次のようになります。

基本表現の導入	目的や場面、状況設定の中、基本表現に体験的に触れる。
↓	
基本表現の練習	活動で基本表現が使えるように練習する。（Let's Play 等）
↓	
基本表現の活用	練習したものを使って、英語でコミュニケーション体験をする。（Activity 等）
↓	
基本表現のまとめ	振り返りを行い、気付きを生む。

6 語句はどのように指導したらいいの？

　基本表現と同様に，小学校3年生でどのような語句を扱うのか表に整理したいと思います。「学習指導要領」では，600～700の語彙を学習することになっています。

国名	Finland, China, Germany, Japan, Kenya, India, Korea, America, Australia
果物	apple, strawberry, grapes, pineapple, peach, melon, banana, kiwi fruit, lemon, orange,
野菜	tomato, onion, green pepper, cucumber, carrot
飲食物	ice cream, pudding, milk, orange juice, hamburger, pizza, spaghetti, steak, salad, cake, noodle, egg, rice ball, jam, candy
色	red, blue, green, yellow, pink, black, white, orange, purple, brown
生き物・動物	fish, gorilla, monkey, pig, rabbit, dog, cat, panda, mouse, bear, elephant, horse, spider, seahorse, sea star, jellyfish, moth, owl, cow, dragon, snake, tiger, sheep, chicken, wild boar
スポーツ	soccer, baseball, basketball, dodgeball, swimming, volleyball, table tennis
形	circle, triangle, cross, heart, square, rectangle, star, diamond, long, round
身の回りのもの	counter, ball, pencil, eraser, ruler, crayon, rainbow, book, drum, hat, ink, jet, king, notebook, queen, sun, tree, umbrella, violin, watch, box, yacht, bus, flower, shop, balloon, house, car, sea, nest
状態	great, fine, good, sleepy, hungry, tired, sad, happy, nice
特徴	scary, shiny,
身体	head, eyes, ears, nose, mouth, shoulders, knees, toes

　小学校3年生では，果物や野菜，食べ物，動物等，やはり身の回りの具体的なものの語彙を扱うことが分かります。基本的な指導手順は次のようになります。

単語の導入	・イラストや写真，実物を見せて，新語に触れる。
↓	・見出し絵の中の英語を言わせる中で，新語に触れる。
	・ALT や児童との会話のやり取りの中で，新語に触れる。他
単語の練習	・イラストや写真，実物を見ながら，言い方を練習する。
	・キーワード・ゲーム，ミッシング・ゲーム等で新語に慣れ親しむ。
	・表現練習や Activity の中で，新語に慣れ親しむ。

7 1時間の授業の流れはどうなるの？

　一般的な授業の進め方を紹介します。大きく授業展開を３つに分けます。

　１つ目は「導入」です。これは，導入＝Warm-up を意味します。つまり，ここでは児童を英語授業に参加させ，英語学習の雰囲気をつくります。挨拶から始まって，歌を歌い，本時の学習に入る準備だと思ってください。そして，導入の大きな目的の１つは，「声の出る雰囲気をつくること」にあります。ここでおそらく10分〜15分の時間となります。

　２つ目は「展開」です。ここから本時の学習に入ります。①新しい表現を導入して，練習し，使ってみるというような流れや，②既習事項の理解を深め，思考力，判断力，表現力等を伴った深い活動を行う流れ，③新しい表現を導入し，練習したところで終えて，使ってみる時間は次時以降に扱う等，様々な展開があります。

　３つ目は「まとめ」です。ここでは，めあてに即した授業の振り返りを行い，深い学びへとつなげていく時間です。学んだことを発表させ，クラスで学びを共有します。

〈１時間の授業の流れ〉

段階	手順	趣旨
導入	①挨拶 ②英語の歌 ③復習・ゲーム ④課題の提示	・英語係が主になって，挨拶を行い，英語の歌までは進行させる。 ・できるだけ，動作をつけながら歌うようにする。 ・声の出る活動をここで行う。 ・本時のめあてを児童に伝える。
展開	⑤基本表現の導入 ⑥練習 ⑦活用 ⑧振り返り	・体験を通して，体験的に，言語表現に理解させるような導入を考える。 ・練習では，次に行う活用で児童があまり迷うことなく活動できるようにするための力を高めておく。 ・練習したことを活かし，英語で友達とコミュニケーションを図る。 ・活動後，本時のねらいがどの程度，達成できているか，数名と対話をしながら振り返り，必要に応じて修正をしていく。また，聞いている児童も教師と児童の対話から，気付かなかった発見や表現に気付くチャンスとする。
まとめ	⑨振り返り（各自） ⑩発表	・振り返りカードに，めあてに即した振り返りを行う。 ・振り返りや気付きを発表することで，思いや考え，質問などを教室内で共有し，次時への課題につなげていく。

8 授業の始まりと終わりはどうするの？

授業の始まりと終わりは，英語係が中心となって行うようにします。

例として，次のような始まりと終わりがあります。英語係数名が前に出てきて挨拶をします。

〈授業の始まり〉

挨拶・英語の歌

英語係：Good morning, Mr. Takizawa.

　　C：Good morning, Mr. Takizawa.

　HRT：Good morning !

英語係：Good morning, Angie sensei.

　　C：Good morning, Angie sensei.

　ALT：Good morning.

英語係：（今日のめあてを自分なりに考えて言う）

　　　　例：今日は，劇の発表なので恥ずかしがらずにやりましょう！

英語係：Let's start English lesson.

　　C：Yes, let's.（と言って，手を高くあげる）

英語係：It's Song time.

　　C：It's Song time.

　HRT：（CD をかける）

〈授業の終わり〉

英語係：今日は，ジェスチャーや演技が上手にできました。

英語係：Thank you, Mr. Takizawa.

　　C：Thank you, Mr. Takizawa.

　HRT：Thank you.

英語係：Thank you, Angie sensei.

　　C：Thank you, Angie sensei.

ALT&HRT：See you !

　　C：See you !

---

9 中学年は，理解させてから，気付かせるの？

「学習指導要領」に次の目標があります。

（1）外国語を通して，言語や文化について体験的に理解を深め，日本語と外国語との音声の違い等に気付くとともに，外国語の音声や基本的な表現に慣れ親しむようにする。

「小学校学習指導要領　第4章　外国語活動」

　ここには，「体験的に理解を深め」「日本語と外国語との音声の違い等に気付くとともに」とあります。普通は，**気付いてから理解する**という順番ですが，ここでは，**「理解を深め」**てから，**「気付く」**となっています。

　ここから考えられることは，3・4年生では，まずは，「こういう時は，どういう風に言います」と，理屈は分からずとも，体験的に理解させ，使わせ，語句や表現に慣れ親しんだ後に「これは○○ということなんだ～」と，帰納的に気付かせていくという順番を意図しているのではないかと考えます。

　このことは，私たちにも同様の経験があるのではないでしょうか。

　例えば，「ありがとう」は Thank you. と言います。しかし，言い始めの時，感謝の気持ちを表す時に私たちは，何も知らずに，Thank you. と言っています。しかし，文構造を考えると，これは，I thank you.（私はあなたに感謝します）であって，thank とは，「感謝する」という意味であることに，**気付き**ます。これなどは，体験的に「こういう風に言うものだ」と理解していたものが，**後から気付くという構造**になっています。

　中学年の英語では，このように，まずは，「こういう時はこういう風に言います」ということを体験を伴わせ，理解させ，文構造等に気付かせるという順番を意図しているのではないかと思います。

　一方，教科である外国語では，逆に，次のような目標になっています。

（1）外国語の音声や文字，語彙，表現，文構造，言語の働きなどについて，日本語と外国語との<u>違いに気付き，これらの知識を理解する</u>とともに，読むこと，書くことに親しみ，聞くこと，読むこと，話すこと，書くことによる実際のコミュニケーションにおいて活用できる基礎的な技能を身に付けるようにする。

（下線と太字は，筆者）

　ちなみに，高学年の外国語では，「気付い」てから「理解させる」となっています。

10 外国語活動の目標で押さえておきたいことは？

さて，3・4年生の外国語活動で，押さえておきたいことがいくつかあります。

1つ目は，英語の目標に「**ゆっくりはっきりと話された際に**」とあります。つまり，この文言から，児童に英語で話しかける時には，「ゆっくりはっきり」と語りかけなくてはいけないということになります。児童に語りかける時には，もしかしたらゆっくり過ぎるくらいがちょうどよいかも知れません。これは，高学年での外国語でも同様です。ちなみに，中学になると「はっきりと話された際に」と，ゆっくりという言葉がとれます。

2つ目は，「**サポートを受けて**」という言葉です。この場合，サポートとは，「教師やALT，グループやペアの友達の『サポートを受け』ながら，質問ができた，質問に答えられたという達成感…（後略）（p.22『小学校学習指導要領解説　外国語活動・外国語編』」とあります。初めて英語を学ぶ3年生です。どんどんサポートをしてあげましょう。

3つ目は，英語の目標の**語尾に注目**してみましょう。「聞き取るようにする」「意味が分かるようにする」「伝え合うようにする」のように，すべてが「～ようにする」で終わっています。これと対照的なのが，高学年の外国語で，語尾は「～できるようにする」となっていて，5・6年生では，定着を求めていることが分かります。3・4年生では，慣れ親しみの状態でOKだということです。

4つ目は，本書9ページでも伝えていますが，大事なことなので，再掲すると，英語の目標の「聞くこと　ウ」に，「文字の読み方が発音されるのを聞いた際に，どの文字であるかが分かるようにする」とあります。ここで言う「文字の読み方」とは，文字とは，アルファベットを指し，読み方とは，Aなら，「エイ」と発音することを言います。Aを「ア」と読むのは，文字の「音」になります。そこで，ここで言いたいことは，3・4年生で，読み方を聞いて，どれが大文字のアルファベットであるか，またどれが小文字のアルファベットであるかを判別するようにしていくことを意味しています。例えば，「ユー」と発音され，それが，U（u）であることが分かればいいのです。音と文字の関係は，5・6年で扱います。

「学習指導要領」は奥が深いので，ぜひ，何度も読み，授業づくりの方向性が明確になることを期待しています。

英語の発音　この音は気をつけよう①
ー/l/音と/r/音

　英語には，日本語にない音があります。その代表的な音が，LとRです。日本語はちょうどこの英語の音の中間にあたります。

---

lとrの音

/ l / （側面音）

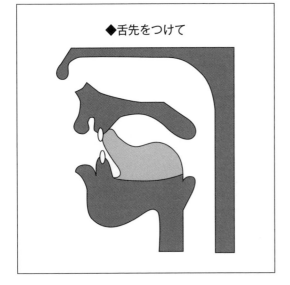

◆舌先をつけて

/ r / （はじき・ふるえ音）

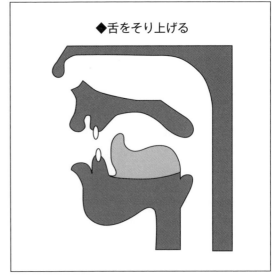

◆舌をそり上げる

l音　　　　　　　　　　　　　　　　　　　　r音

---

l音		r音	
① lice	（しらみ）	① rice	（お米）
② light	（光・軽い）	② right	（右）
③ late	（遅い）	③ rate	（割合・レート）
④ fly	（ハエ）	④ fry	（揚げ物）
⑤ flight	（飛行）	⑤ fright	（恐怖）
⑥ lead	（鉛筆の芯）	⑥ red	（赤）
⑦ lake	（湖）	⑦ rake	（熊手）
⑧ play	（遊ぶ）	⑧ pray	（祈る）
⑨ long	（長い）	⑨ wrong	（間違えている）

Chapter2

授業細案でみる！

Let's Try! 1
35時間の指導アイデア

Hello！ あいさつをして友だちになろう

●言語材料
〔基本表現〕Hello. Hi. I'm ..../Goodbye./See you.
〔語　　彙〕挨拶表現（hello, hi, goodbye, see you）, friend, I, am
〔既習事項〕特になし
●時数：2時間

1 単元の目標

・世界にはさまざまな言語があることに気付くとともに，挨拶や名前の言い方に慣れ親しむ。
・名前を言って挨拶をし合う。
・相手に伝わるように工夫しながら，名前を言って挨拶を交わそうとする。

2 この単元のねらいと付けたい力

・挨拶や名前，出身地の言い方を理解する。（知・技）
・世界には多くの国があり，多くの言葉が使われていることを知る。（知・技）
・挨拶や名前，出身地の表現を用いて，友達と伝え合う。（思・判・表）
・自分の名前をゆっくりはっきり言う等，相手に伝わるようにする。（主）

3 単元の指導計画

時間	○主な学習活動・●評価の対象	□指導内容・○評価・☆留意点
第1時	●挨拶（Hello） ○英語の歌「Hello song」 ● Let's Watch and Think（p. 2）	□教室内の友達と，Hello. の挨拶をする。 ○積極的に英語を使って挨拶をする。（主） ☆自由に発言する雰囲気と授業規律を大切にし，安全安心な環境をつくる。 □世界には多くの国や言葉があることに気付く。 ○動画を見ながら，気付いたこと等を積極的に発表する。（主） ☆どのような意見や考えも，肯定的に受け止める。

第2時	○授業の始め方 ○ Let's Chant（p.3） ● Let's Listen「I'm from...の表現の理解と表現」（p.4） ● Activity（p.5）	□ Let's Listen を聞きながら，出身地を聞き取る。 ○名前，出身地を聞き取っている。（知・技） ☆名前を聞き取らせたら，イラストのそばに名前をカタカナで書かせることで，登場人物への親近感をもたせる。 □友達と英語で挨拶をし，名前を伝え合う。 ○相手意識をもち，挨拶や自分の名前を言う。 （思・判・表） ☆教師も Activity に参加し，児童と一緒に英語を使って表現する姿勢を見せる。

ここで差がつく！指導＆教材活用のポイント

歌の指導手順

歌（Hello song）の指導では，次のようにスモール・ステップで，歌の指導を行います。

①歌を聞く。（2分）

②ジェスチャーをつけながら，ゆっくり教師と一緒に歌う。（5分）

③だんだんと歌らしく歌う。（2分）

④ CD と合わせて歌う。（2分）

また，上手に歌えている時は，「誉めること」がとても大切です。誉めながら，テンポよく指導していきます。

ALT との Team-Teaching のポイント

ALT がいれば，Activity のところで，ALT とやってみせ，見本を見せると効果的です。

例） HRT ： Hello.

　　 ALT ： Hello.

　　 HRT ： I'm Hiroto. I'm from Tokyo, Japan.

　　 ALT ： I'm Jackson. I'm from New York, the U.S.

　　 HRT ： Your name, please.（教材を差し出し，名前を書いてもらう。）

1 Hello！ あいさつをして友だちになろう

第1時

・目　標：挨拶の仕方，名前の言い方，出身地の言い方に慣れ親しむ。
・準備物：□CD（Hello song）□世界地図　□磁石

1 導入（10分）

❶ 英語で挨拶をする。（2分）

T：（チャイムがなり終わると，児童の方を見ながら言う）Hello.

C：Hello.

T：いい声だね〜（と言いながら誉め）　もう1回，Hello！

C：Hello....

T：友達10人に Hello. と挨拶をしたら，自分の席に戻ります。Stand up. Let's start.
（児童は，Hello. Hello. Hello. と元気よく，教室中を歩き回りながら，英語を口にする。）

T：英語の授業では，こんな風に，たくさん英語を話します。

\ ポイント /
自由に英語を言う環境を，できるだけ早いうちにつくります。

❷ 英語の歌「Hello song」を歌う。（8分）

T：Let's sing a song！（手をあげる。）

C：Let's sing a song！（手をあげる。）

T&C：♪♪Hello. Hello. Hello. How are you？
♪♪I'm fine. I'm fine. I hope that you are too.

\ ポイント /
　歌の指導では，教師がジェスチャー付きで歌って見せ，その後，少しずつ児童にも歌わせていきます。

2 展開（25分）

❶ 教材に折り目を付ける，名前を確認する。（2分）

T：教材「Let's try！1」を開きましょう。教材に折り目を付けます。

❷ 【Let's Watch and Think】（p.2）：世界の「こんにちは」の挨拶を知る。（23分）

国旗を見ながら，どんな国があるのか確認します。（5分）

T：Open your books to page 2.（と言い，デジタル教科書で同じページ画面を提示する）
Which country is this？ これはどこの国かな？ Which country is this？ （と言って一番左のフィンランドを指す）

C1：左から2番目なら分かる！

T：Second flag from the left？（左から2番目？）This one？（これかな？）
What is this country？（この国はどこ？）

C1：中国.

T：Yes. China.

世界地図で，国を確認しながら，ビデオ視聴します。（18分）

黒板に世界地図を貼っておきます。児童が見たい国を尋ねていきます。

T：今から，色々な人が挨拶をします。どこの国から見たい？

C：インド！

T：O.K. India.　India is here.（と言って，世界地図に磁石を貼り，場所を示す）
Let's watch it！（すべての映像を見た後に，児童に感想を言ってもらう）

T：今の映像を見て，何か思ったことや，気付いたこと，分かったこと発表してください。

〈児童から引き出したい内容〉

・最後のアメリカとオーストラリアは，挨拶が同じだった。
・韓国は，お辞儀をしていた。
・中国では，手を組んでニーハオって言っていた。
・アメリカには，色々な人がいた。等

T：すごいね〜〜。よく気付いたね。（と誉めながら，世界には多くの国（約139か国）や，多くの言葉（約4,000語），多くの人が暮らしていることに気付かせていく。）

❸ まとめ（5分）

振り返りカードに気付いたこと，学んだことなどを書かせます。

T：世界には色んな言葉がありますが，その中の1つ，英語をこれから楽しく勉強していきましょう。今日の授業の感想を書きましょう。（と言って，振り返りカードを配付する。）

学んだことを発表させます。

2 Hello！ あいさつをして友だちになろう

第2時

・目　標：挨拶の仕方，名前の言い方，出身地の言い方に慣れ親しむ。
・準備物：□ CD（Hello song）□国旗

1 導入（10分）

❶ 授業の始め方を知る。（5分）

　授業の始め方を教えます。学級の係として，英語係を2～3名を決めておきます。英語係を黒板の前に来させ，次のような流れを教えます。2回くらい練習するといいでしょう。

英語係：Hello, Mr.Takizawa.

　　C：Hello, Mr.Takizawa.

　　T：Good morning, everyone.

英語係：Let's start English class.（手をあげる）

　　C：Yes, let's.（手をあげる）

\ ポイント /
　児童の出番を多くするために，授業開始時は，児童に進行させるようにしましょう。

❷ 英語の歌「Hello song」を歌う。（5分）

英語係：Let's sing a song.

　　C：Let's sing a song.（Hello song を歌う）

2 展開（25分）

❶【Let's Chant】（p.3）：チャンツを歌う。（5分）

T：Let's listen to today's song！（と言って，Hello！の歌を1回聞かせる）

C：（聞きながら，歌い始める児童もいる）

T：O.K. Next, let's sing it together.（と言って，1回目，一緒に歌ってみる）

\ ポイント /
　デジタル教科書の「ゆっくりバージョン」や「音声なし」で歌わせたり，「字幕なし」に挑戦させたり，また，ペアになってジェスチャーをつけて歌わせるようにします。

❷ 【Let's Listen】（p.4）：I'm from 〜. の言い方と意味を理解する。（10分）

デジタル教材の動画を見せ，聞き取れた英語を発表させます。（2分）

T：Let's watch a video.（1番の女の子＝Olivia の動画を見せる）
　　どんな英語が聞こえた？

C1：アメリカ。　**C2**：オリビア。　**C3**：アイム　フロム　アメリカ。

> \ ポイント /
> 英語を聞かせた時は，「どんな英語が聞こえた？」と尋ねるといいでしょう。

教材を開けさせ，線で結ばせます。（5分）

T：Good. Open your books to page 4.（児童が教材を開けたことを確認したら）
　　では，女の子とアメリカを線で結びましょう。名前も近くに書いておきましょう。
　　（残りの動画を見せ，線で結ばせる）

動画の子どもたちになって言わせます。（3分）

T：みんなはオリビアになって言ってみましょう。

C：Hello. I'm Olivia. I'm from America.

T：じゃ，Jomo（ジョモ）だったら…？

C：Jambo. Hello. I'm Jomo, I'm from Kenya.

T：Good！　もし，みんなだったら，どんな風に言う？

C：こんにちは。Hello. I'm from Japan.

❸ 【Activity】（p.5）：名前，出身地を言って挨拶を行う。（10分）

T：Open your books to page 5. 挨拶をして名前，出身地を紹介し合いましょう。終わった
　　ら，友達からサインをもらいます。こんな風にやります。Demonstration！Hello. I'm
　　Hiroto. I'm from Tokyo, Japan.

C1：Hello. I'm ○○. I'm from Saitama, Japan.

T：Your name, please.（C1と教材を交換し，名前を書き合う）時間は5分間です。

3 まとめ（5分）

振り返りカードに気付いたこと，学んだことなどを書かせ，学んだことを発表させます。

How are you？　ごきげんいかが？

●言語材料

〔基本表現〕How are you？ / I'm happy.

〔語　　彙〕状態・気持ち（fine, happy, good, sleepy, hungry, tired, sad, great), how, are, me, and

〔既習事項〕挨拶，自己紹介（Unit 1）

●時数：2時間

1 単元の目標

・表情やジェスチャーの大切さに気付き，感情や状態を尋ねたり答えたりする。

・表情やジェスチャーを工夫しながら挨拶をし合う。

・表情やジェスチャーを付けて相手に伝わるように工夫しながら，挨拶をしようとする。

2 この単元のねらいと付けたい力

・「日常的に会う時の挨拶」や「感情・気分の言い方」に慣れ親しむ。（知・技）

・表情やジェスチャーからも相手の伝えたいことが理解できることを知る。（知・技）

・ジェスチャーを積極的に用いたり，表情豊かに表現したりしようとする。（思・判・表）

・相手に伝わりやすくするためにジェスチャーや表情を付けて伝えようとする。（主）

3 単元の指導計画

時間	○主な学習活動・●評価の対象	□指導内容・○評価・☆留意点
第1時	○英語の歌「Hello. Hello. What's your name？」 ○場面絵の理解 ●Let's Watch and Think ①「感情や気分のいい方」（p.7） ●ミッシング・ゲーム ●「仲間を増やそう」ゲーム ●Let's Watch and Think ①「日常的な挨拶」（p.7）	□感情や気分の言い方に慣れ親しむ。 ○感情や気分を表す表現を使っている。 （知・技） ☆遊びの要素をもたせ，体験的に語彙理解を深めさせる。 □日常的な挨拶について理解する。 ○ How are you？の質問に答えている。 （知・技） ☆日常的な挨拶では，I'm tired. や I'm sad, などと言うのはまれであることを付け加えて指導しておく。

| 第2時 | ○英語の歌「Hello. Hello. What's your name？」
●児童同士の挨拶
●ジェスチャー・クイズ
● Let's Watch and Think ②（p.9）
● Activity（p.9）
○ Let's Listen（p.8） | □日常的な挨拶に慣れ親しませる。
○表情やジェスチャーを用いて，友達と挨拶を交わしている。（思・判・表）
☆挨拶した友達を記録しておくことで，次時以降，まだ挨拶していない友達と挨拶を交わさせる。
□ジェスチャーや表情などの非言語コミュニケーションも，意思伝達の有効な方法あることに気付かせる。
○ジェスチャーを積極的に用いたり，表情豊かに表現しようとしている。（主）
☆世界には，色々なジェスチャーがあることに気付かせ，異なった文化を尊重することが大切であることを指導する。 |

\ ここで差がつく！指導＆教材活用のポイント /

場面絵の活用

「Let's Try！」の教材には，単元の最初に見開き２ページの「場面絵」（パノラマページ）があります。そのパノラマページでは，児童の語彙力を伸ばす最高のページとなります。どんな英語でもいいから，児童から英語を引き出しましょう。

6～7ページでは，次のような語彙が引き出せるでしょう。

① boy, ② girl, ③ teacher, ④ red cap, ⑤ white cap, ⑥ rabbit, ⑦ flower, ⑧ bag, ⑨ lunch box（お弁当箱）, ⑩ soccer ball, ⑪ shoes, ⑫ chopsticks（はし）, ⑬ cup, ⑭ water bottle（水筒）, ⑮ tree, ⑯ rice ball（おにぎり）, ⑰ glasses（めがね）, ⑱ mat（マット）等

ALT との Team-Teaching のポイント

第２時では，「ジェスチャー」を扱います。本書では，HRT がジェスチャー・クイズを出す形をとっていますが，もし，ALT がいれば，ALT にジェスチャーをやってもらうのがいいでしょう。ただし，どの順番でやってもらうかは，HRT がしっかり考えて提示しましょう。

筆者としては，「Good.」と「Goodbye.」の２つを最初に扱います。Good. で，だいたい推測できることを児童が思ったところで，Goodbye. が，日本とジェスチャーが違うことに気付かせることをねらいます。指導にも，意図的・計画的な手順が必要です。

3 How are you？ ごきげんいかが？

第1時

・目　標：気分や感情の言い方，挨拶表現を知る。
・準備物：□感情表現の絵カード（tired, sleepy, hungry, sad, happy）

1 導入（10分）

❶ 英語の歌「Hello, Hello, What's your name？」を歌う。（5分）

❷ 場面絵（pp.6〜7）について質問する。（5分）

場面絵から，児童から自由に英語を出させます。

T：How many people？ One, two....　（**C**：Three, four, five,…, ten, eleven！）

T：Good. Eleven people. How many boys？　（**C**：Five！）

T：How many girls？　（**C**：Five girls.）

T：Who is this？　（**C**：A teacher.）

T：What can you see in this picture？　（**C**：Flower. rabbit, lunch box, red cap, shoes. 等）

> \ ポイント /
> 　場面絵から，思いつく英語を自由に言うことで，語彙力を広げることができたり，英語を言う雰囲気を教室内につくったりすることができます。

2 展開（25分）

❶【Let's Watch and Think ①】（p.7）：5人の児童の気持ちを聞き取る。（8分）

音声だけを聞かせ，どの絵のことを言っているのか推測させながら，聞かせましょう。

T：Open your books to pages 6 and 7. どんな会話をしているか聞いてみましょう。

　　Let's listen！　音声 Are you O.K.？ / I'm sleepy.

T：どの絵だろう？ Point to the picture.（絵を指さしてごらん）

　　何か sleepy って言っていたね。sleepy って何だろう？

C：「眠い」ってこと。

T：そうだね。（と言いながら sleepy の絵カードを黒板に貼り）Sleepy.

C：Sleepy.

❷ ミッシング・ゲームで，語彙に慣れ親しませる。（5分）

❸ 仲間を増やそうゲームをする。（5分）

次のような感情を表す絵カードを児童に1枚ずつ配り，仲間を増やしていくゲームをします。

T：カードを配ります。それは誰にも見せないでください。

（カードを配る）

T：今から色々な友達に自分の今の状態を言います。同じ状態の人を

どんどん増やしていきます。こんな風にやります。

（と言って，近くの児童に協力してもらう）

T：Hello. I'm sleepy.

C1：Hello. I'm tired.

T：Goodbye！ と言って別れます。（違う児童のところに行って）Hello. I'm sleepy.

C2：Hello. I'm happy.

T：Goodbye！（とやりながら，sleepy の児童を見付けるまで行う）Hello. I'm sleepy.

C3：Hello. I'm sleepy.

T：Oh！ Let's go！ と言って，2人で仲間を見付けに行くゲームです。分かりましたか？

カードは見せてもいいですが，必ず英語で言います。Stand up. Let's start.

教師はBGMをかけ，児童と一緒になって活動します。

❹ 【Let's Watch and Think ①】（p.7）：グラハム先生とALTの場面を見る。（7分）

動画を見せ，どんな会話であるか推測させた後，日本では，「こんにちは」の後は，そのまま話題に入るけど，英語では，「元気？」と相手の様子を尋ねることに気付かせます。

T：どんな会話していた？　**C**：Hi. / See you. / How are you？ / 等

T：出会った時に，どんな挨拶してたかな？　**C**：How are you？

T：日本ではどうかな？　**C**：「こんにちは」だけ。

How are you？ / I'm great./ Fine. の表現を確認し，実際に児童と挨拶を交わします。

❸ まとめ（5分）

振り返りカードに気付いたこと，学んだことなどを書かせ，学んだことを発表させます。

4 How are you？ ごきげんいかが？

第2時

- ・目　標：How are you？ の挨拶に慣れ親しむ。
- ・準備物：□絵カード（tired, sleepy, hungry, sad, happy, great, fine, good)
　　　　　□名簿

1 導入（10分）

❶ 英語の歌「Hello, Hello, What's your name？」を歌う。（3分）

❷ 教師が児童に質問する。（2分）

　　5〜6人と挨拶を交わし，前時の学習の振り返りを行います。

T：Hello.　　　　　　　　　**C1**：Hello.

T：How are you？　　　　　　**C1**：I'm fine. How are you？

T：I'm good. Hello, C 2.　　**C2**：Hello.

❸ 児童同士挨拶をする。（3分）

T：友達10人と挨拶をしたら，席に戻りましょう。Stand up. Let's go！

C：（児童は立って，友達のところに挨拶に行く）

❹ クラスの児童の名前の入った名簿を配り，挨拶した人は○を付けさせる。（2分）

T：何人と挨拶しましたか？

T：誰と挨拶したか思い出して，名簿に○をしましょう。

C：えーと。誰と挨拶したっけ？

＼ ポイント ／
　次回は，○が付いていない友達と挨拶させます。

2 展開（25分）

❶ ジェスチャー・クイズをする。（8分）

　　教師がジェスチャーし，児童に当てさせます。

T：O.K. I'll make a gesture. American Gesture Quiz No. 1 .What's this？
　　（と言って，親指を出す）

C：Good！／いいね。（などと自由に言ってくる。）

T：This is "Good"．みんなも指出して，

C：Good！

T：American Gesture Quiz No. 2．What's this？

（手のひらを下に向けて，上下に振る）

C：こっちに来て！／バイバイ！

T：Yes！

C：え～～～。

T：This is "Good bye"．（または，Go away. の意味）

❷【Let's Watch and Think ②】（p.9）：ジェスチャーについて知る。（7分）

❸【Activity】（p.9）：ジェスチャーや表情をつけながら気分や様子を伝え合う。（5分）

T：Open your books to page 9．Look at Activity.

「どんな様子かをたずねて，友達の名前を書こう」 みなさんの今の様子はどうですか。

表情やジェスチャーをつけて言ってみましょう。How are you, C 1 ？

C1：（眠そうに）I'm sleepy. How are you？

T：（元気に）I'm fine. 相手の様子を聞いたら，表に友達の名前を書きます。

では，友達調査。10人くらいには，聞いてみましょう。

❹【Let's Listen】（p.8）：感情を表す表現のまとめをする。（5分）

イラストを確認します。

T：Open your books to page 8．Look at "Let's Listen"．「だれがどんな様子かを聞いて，線でむすぼう」をやります。その前に…この子はどんな様子かな？

C：Happy.

T：そうだね。（左から tired, hungry, sleepy, sad, fine であることを確認しておく）

音声を聞き，登場人物と様子を線で結ばせます。

答え合わせをします。

③ まとめ（5分）

振り返りカードに気付いたこと，学んだことなどを書かせ，学んだことを発表させます。

How many？　数えてあそぼう

●言語材料
〔基本表現〕How many apples？/Ten apples./Yes./That's right./Sorry.
〔語　彙〕数（1〜20），身の回りの物（counter, ball, pencil, eraser, ruler, crayon），果物（apple, strawberry），野菜（tomato），形（circle, triangle, cross, heart），stroke, yes, no, sorry, that, is, right
〔既習事項〕挨拶・自己紹介（Unit 1），状態・気持ち（Unit 2）
●時数：4時間

1 単元の目標

・日本と外国の数の数え方の違いから，多様な考え方があることに気付き，1から20までの数の言い方や数の尋ね方に慣れ親しむ。
・数について尋ねたり答えたりして伝え合う。
・相手に伝わるように工夫しながら，数を尋ねたり答えたりしようとする。

2 この単元のねらいと付けたい力

・1〜20までの数字を聞いたり，言ったりすることに慣れる。（知・技）
・数を尋ねる時には，How many を使うことを知る。（知・技）
・How many...？を使って，友達と数を尋ね合って伝え合う。（思・判・表）
・世界には，指を使っての数の数え方にも違いがあることに気付く。（主）
・相手意識をもち，数を答える時に，指を使って相手に伝わりやすい工夫をする。（主）

3 単元の指導計画

時間	○主な学習活動・●評価の対象	□指導内容・○評価・☆留意点
第1時	●英語の歌「Seven Steps」 ●数字1〜20 ○場面絵の理解	□1〜20の数字を聞いたり，言ったりして，慣れ親しむ。 ○英語の数字を聞いたり，言ったりすることに慣れ親しんでいる。（知・技） ☆身近なものを用いて，いくつあるか等，数を尋ねたりしながら，自然と数字に慣れ親しむようにする。

第2時	●英語の歌「Seven Steps」 ●Let's Play ①「おはじきゲーム」(p.11) ●Let's Play ②「じゃんけんゲーム」(p.12) ●Let's Watch and Think (p.12)	□じゃんけんゲーム等を通じ，How many？の応答に慣れ親しませる。 ○１～20までの数字を聞いたり，言ったりして慣れ親しんでいる。(知・技) ☆How many を使って，児童とコミュニケーションを図る。 □数え方に違いがあることに気付いている。 ○世界には，指を使っての様々な数え方があることに気付いている。(主) ☆異文化を尊重する態度を養う。
第3時	○ Let's Sing「Ten Steps」(p.10) ○数字カルタ ●Let's Play ③「How many apples クイズ」(p.13) ❷Activity ①「りんごの数」(p.13)	□りんごの数を尋ね合う。 ○指で数を示す等，数を尋ねたり，答えたりしている。(知・技)(主) ☆数を伝える時には，指で数を示すと伝わりやすいことに気付かせる。
第4時	○ Let's Sing「Ten Steps」(p.10) ○ Let's Chant (p.13) ●Activity ②「好きな漢字」(p.13)	□好きな漢字を友達と伝え合い，紹介する。 ○主体的に画数を尋ねたり，答えたりして伝え合っている。(思・判・表) ☆必要に応じ，How many parts？（部首はいくつ）も入れることもできる。

\ ここで差がつく！指導＆教材活用のポイント /

英語の歌「Seven Steps」導入ポイント

・英語で１～７の数字を発音しながら，カードを黒板に貼っていきます。

・歌詞に合わせて，数字を指しながらゆっくり言っていきます。

T：One, two, three, four, five, six, seven. One, two, three, four, five, six, seven.

One, two, three. One, two, three. One, two, three, four, five, six, seven.

One, two, three. One, two, three. One, two, three, four, five, six, seven.

・少しずつリズムをつけて歌えるようにします。

・だんだんと児童が歌ってくるようになったら，O.K. Let's sing the song. と言って，教師は手拍子を打ちながら，歌を歌わせます。

・基本的に，最初から発話させようとせず，たくさん聞かせながら，言いたくなったり，言えそうになったり，言い始めたりする姿を見て，「じゃ歌ってみようか」ともっていくことが大切です。

5 How many？ 数えてあそぼう

第1時

・目　標：1～20までの数字や，身近な語彙，How many？の応答に慣れ親しむ。
・準備物：□1～20までの数字カード　□ピンポン玉　□箱

1 導入（15分）

❶ 英語の歌「Seven Steps」を歌う。（7分）

初めて歌うので，教師が歌って見せ，少しずつ歌えるようにしていきます。

❷ 児童同士で，How are you？の挨拶をする。（3分）

Unit 2 で使用した名簿を出し，まだ挨拶していない児童と行うように指示します。

❸ 数字（1～20）までを練習する。（5分）

黒板に，数字カード1～20まで貼り，教師の後に繰り返させたり，「交互読み」を行ったり，ランダムに指した数字を言わせたりしながら，数字に慣れさせます。

2 展開（20分）

❶ 「箱の中にピンポン玉がいくつあるかな？」と尋ねる。（5分）

ピンポン玉が入っている箱を教室に持ち込み，児童に問いかけます。

T：What's in this box？

C：Pencil？/Chalk？/Money！

T：Oh, good guess. But, not a coin.

C：Ball？

C：分かった！卓球の玉！

T：Yes！（箱からピンポン玉を取り出し）Look. I have ping-pong balls in this box.
（箱をゆすりながら）How many ping-pong balls？

C：Seven？/Ten？

T：O.K. Let's count！ One, two, three, four, five... twenty！ Twenty balls.

箱にボールをいくつか戻し，また箱を揺らしながら，How many balls？と尋ねます。これを，数回繰り返しながら，How many と数字に慣れ親しませていきます。

❷ 場面絵（p.10）を使って How many クイズを行う。（5分）

10ページだけを見させて，その中に，物がいくつあるか尋ねるクイズを行います。

T：Let's play, "How many クイズ！" Look at the picture on page 10. How many balls ?

C：（児童は数を数える）One, two, three, four, five. Five balls !

T：Five ? Let's check with your partners.

C：One, two, ...Five balls ?

T：Good.（続いて，①鉛筆 ②消しゴム ③トマト ④ハート 等の数を尋ねる）

\ ポイント /
　見開き2ページの場面絵を10ページと11ページの2回に細分化することで，11ページを児童同士のクイズで使えるように残しています。

❸ 場面絵（p.11）を使って，児童同士で How many クイズを行う。（5分）

ペアで How many クイズを行います。

T：今度は11ページの中から，ペアで交互に，How many クイズを出し合います。

C1：How many pencils ?

C2：One, two, three, ... five. Seven pencils. How many apples ?

C3：One apple. How many tomatoes ?

C2：One, two, three, four,... eight tomatoes.

❹ 身近なものを使っていくつ持っているか質問する。（5分）

児童のペンケースの中に，鉛筆や消しゴム，定規，赤鉛筆がいくつ入っているか尋ねます。

T：（教師のペンケースからペンを取り出し）One pen. Two pens. Three pens.

　　How many pens do you have in your pencil case ?

C：（児童は数える）One, two, three....

\ ポイント /
学習道具の検査を兼ね，「How many とがった鉛筆？」等とユーモアを入れてもいいでしょう。

❸ まとめ（5分）

振り返りカードに気付いたこと，学んだことなどを書かせ，学んだことを発表させます。

6 How many？　数えてあそぼう

第2時

・目　標：数字（1〜20）の言い方に慣れ親しむ。
・準備物：□ 1〜20までの数字カード

1 導入（15分）

① 英語の歌「Seven Steps」を歌う。（3分）

② 児童同士で，How are you？の挨拶をする。（3分）

今回は3回目なので，そろそろ全員と挨拶が終える頃かと思います。

③ 数字（1〜20）の復習をする。（2分）

1〜20の数字カードを黒板に貼りながら，英語での数字の言い方を確認していきます。

④ 【Let's Play ①】（p.11）：おはじきゲームをする。（7分）

2 展開（20分）

① 【Let's Play ②】（p.12）：教師 vs 児童で，じゃんけんゲームを行う。（5分）

ジャンケンをします。（3分）

T：Let's play *Janken* Game. Open your books to page 12.
「じゃんけんをしよう。かったら○，あいこなら△，まけたら×を表に書こう」
Let's do *janken*. Are you ready ?

C：Yes !

T&C：Rock, scissors, paper, one two three !

T：Winners, draw a circle on page 12.（○というジェスチャーを用いて言う）
Losers, draw a cross.　（×というジェスチャーを行う）
あいこ？ Draw a triangle.（△というジェスチャーで示す）

英語でのジャンケンの仕方をまだ教えていない場合は，デジタル教材にある映像を見せ，英語のジャンケンの仕方について指導してから行います。

10回終わったら，How many circles ?（**C**：Five ! /Two./ 等）と尋ね，何回勝ったか（○

がいくつあるか）尋ねていきます。同様に，How many crosses？（×はいくつ？），How many triangles？（△はいくつ？）も，尋ねていきます。（2分）

> \ ポイント /
> 　児童はジャンケンが好きです。楽しく，テンポよくやっていきましょう。数を報告する時には，指を使って数を報告している児童がいたら誉めましょう。

❷ ペアでじゃんけんゲームを行う。（5分）

❸ 【Let's Watch and Think】（p.12）：世界には色々な数え方があることを知る。（10分）

　教材の12ページを開けさせ，国旗がどこの国であるか確認します。教材では，次のように並んでいます。

China（中国）　America（アメリカ）　Japan（日本）

India（インド）　Korea（韓国）　　　Spain（スペイン）

　デジタル教材の音声を流し，どこの国か推測させ，□に番号を書かせます。

　答えを確認します。

　色々な国の数の数え方をビデオで見て，様々な数え方があることを理解させます。その際，指を開いて数えるか，閉じながら数えるか尋ねた後，ビデオを見せましょう。

T：When you count numbers, do you open your fingers or do you close your fingers？

　　（数を数える時に，指を開けていきますか，それとも閉じていきますか）

T：Let's watch a video. Which country do you want to watch？

　　（ビデオを見ていきましょう。どの国から見たい？）

> \ ポイント /
> 　ビデオを見ながら，一緒に数を数えるといいでしょう。特にインドや中国での数の数え方は意外です。

3 まとめ（5分）

　振り返りカードに気付いたこと，学んだことなどを書かせ，学んだことを発表させます。

7 How many？ 数えてあそぼう

第3時

・目　標：How many を用いて数を尋ね合うことに慣れ親しむ。
・準備物：□英語の歌（Ten Steps）

1 導入（15分）

❶【Let's Sing】（p.10）：「Ten Steps」を歌う。（8分）

今までの Seven Steps とは違い，数字がたくさん出てくるので，きっと児童は「え～」と言ってくるでしょう。「ゆっくり」バージョンで2回程聞かせます。（2分）

だんだん慣れたところで，「ふつう」バージョンで，数回一緒に歌います。（6分）

T：みんな，ついてこれるかな？

❷ クラップ・ゲームをする。（7分）

教師が手を叩きます。何回叩いたか，数を児童に尋ねます。

T：Let's play Clap Game.（手を4回叩いた後）How many？

C：......Four！

\ ポイント /

クラップ・ゲームを一斉にやった後，ペアやグループでやらせてもいいでしょう。また，数を伝える時に，指で数を示すと伝わりやすくなることにも気付かせるようにしましょう。

2 展開（20分）

❶【Let's Play ③】（p.13）：How many apples？ クイズを行う。（5分）

デジタル教材で，りんごの絵を数十秒見させた後，画面を消します。（2分）

T：Look at these.（数十秒後，画面を消す）How many apples？

C：え～？　Eight？

T：O.K. Once more.（画面をつける。数秒後，画面を消し）How may apples？

C：Eight apples.

T：Let's count.（画面をつける）One, two, three, four.... Good. Eight apples！

同様に orange で行った後，りんごとオレンジの合わさったものも行います。（3分）

❷ 【Activity ①】(p.13)：「みんなはりんごを1年でどのくらい食べる？」と尋ねる。(15分)

1年間に何個くらいりんごを食べるか色をぬります。(5分)

T：みんなはりんご好き？

C：好き！　嫌い！

T：みんなはりんごを1年間にどのくらい食べるかな？　これりんごまるまる1個だけど，大抵いくつかに切って食べるよね。りんご何個くらい食べるかな？

C：10個？　20個？　100個！

T：先生はりんご好きだけど，秋にりんご狩りに行って40個くらい買ってきます。家族4人だから，平均10個？　だいたい先生は1年間で12個くらいかな？

みんなは，How many apples？

C1：Ten apples.

C2：Twenty apples.

T：じゃ教材の13ページ Activity ①。ここには「すきな数だけりんごに色をぬろう」とあるけれど，みんなが1年間で何個くらい食べるか，その数分だけ色をぬっていきましょう。

「地域の入れ物」というHP（https：//region-case.com/rank-h28-apple/）によると，日本で平均1人当たり，1年間で11.8個食べるそうです（平成28年調査）。

自分と同じ数だけりんごを食べる友達が何人いるか探します。(7分)

T：では，自分と同じ数だけりんごを食べる人を探しましょう。何て尋ねたらいい？

C：How many apples？

T：そうですね。では，同じ数だけ食べる友達を見つけたら，その人の名前を書きましょう。

Stand up. Let's start.

何個くらいりんごを食べるか児童に尋ねます。(3分)

T：How many apples, C1？

C1：Seven apples.

T：Seven apples の人？

❸ まとめ（5分）

振り返りカードに気付いたこと，学んだことなどを書かせ，学んだことを発表させます。

8 How many？ 数えてあそぼう

第4時

・目　標：How many を用いて数を尋ね合うことに慣れ親しむ。
・準備物：□動物編 How many クイズ　□ワークシート

1 導入（15分）

❶【Let's Sing】(p.10)：「Ten Steps」を歌う。(5分)

❷【Let's Chant】(p.13)：チャンツを歌う。(3分)

> \ ポイント /
> チャンツは，休み時間に流しておくと，児童は興味をもって，繰り返したりします。

❸「動物編」で How many クイズを行う。(7分)

　前時の復習を兼ね，教師が独自にパワーポイントで作った画像（例：犬や猫，トラ，ヘビ，ライオンなど動物編）を見せ，いくつあるのか尋ねます。足の数も尋ねるといいでしょう。

T：How many dogs？
C：One, two, three. Three dogs.
T：Yes！ Three dogs！How many legs？（と言って教師の脚を指す）
C：Twelve！
T：A dog has one, two, three, four,…four legs. There are three dogs. So, twelve legs！

2 展開（20分）

❶ 児童は身近なものをいくつ持っているか尋ねる。(5分)

　パワーポイントやイラストなどで，身近なものを取り上げ，いくつあるのか尋ねます。

T：（車一台が映っている絵を見せて）What's this？
C：Car.
T：Yes. It's a car.（画面を切り替え，車が複数ある絵を見せる）How many cars？
C：（児童は数える）Nine cars.
T：Yes. Nine cars. ところで，みんなの家には，How many cars？
C：Two cars.

その他，bike（自転車）や TV（テレビ），telephone（電話），toilet（トイレ），dog（犬），cat（猫），fish（魚），comic book（まんが本），piano（ピアノ）等が尋ねられます。

最後には，brother（兄弟）や sister（姉妹）などを尋ねて終えるとよいでしょう。

❷【Activity ②】（p.13）：好きな漢字を紹介する。（15分）

デジタル教材で，やり取りの確認をします。（3分）

T：（音声を聞いた後）どんな英語を使って，やり取りをしていましたか。

C：How many strokes ?

T：そうだね。最初は何て言っていた？

C：…

T：もう一度聞いてみましょう。（男の人が Hello. と言った時に一時停止する）

　　何て言っていた？

C：Hello.

T：そうだね。挨拶から入ったね。もう一度，最初から聞いてみましょう。

　　（ここで，Answer ボタンを押し，答えを確認する）

好きな漢字を書きます。（5分）

好きな漢字
理由
なまえ （　　　　　　　　）

\ ポイント /
　テキストに書かせてもいいですが，ワークシートを作成し，理由も書ける欄を用意し，あとで掲示できるようにします。

　4人班で順番に，好きな漢字を尋ね合います。（7分）

C1：Hello.

C234：Hello.

C2：How many strokes ?

C1：Five strokes.

C2：「正」しい？

❸ まとめ（5分）

振り返りカードに気付いたこと，学んだことなどを書かせ，学んだことを発表させます。

I like blue.　すきなものをつたえよう

●言語材料
〔基本表現〕I like blue. /I don't like blue. /Do you like blue？/Yes, I do. /No, I don't.
〔語　　彙〕色（red, yellow, blue, green, pink, black, white, orange, purple, brown），スポ
ーツ（soccer, baseball, basketball, dodgeball, swimming），飲食物（ice
cream, pudding milk, orange juice），果物・野菜（onion, green pepper,
cucumber, carrot），like, do, not, don't. too, rainbow
〔既習事項〕挨拶・自己紹介（Unit 1），状態・気持ち（Unit 2），数字（1〜20），How many の
表現（Unit 3）
●時数：4時間

1 単元の目標

・多様な考え方があることや，音声やリズムについて外来語を通して日本語と英語の違いに気
　付き，色の言い方や，好みを表したり好きかどうかを尋ねたり答えたりする表現に慣れ親し
　む。
・自分の好みを伝え合う。
・相手に伝わるように工夫しながら，自分の好みを紹介しようとする。

2 この単元のねらいと付けたい力

・like を使って好きなことや好きでないこと，また相手の好きなものを尋ねる。（知・技）
・「色」や「スポーツ」「果物・野菜」の語彙に慣れ親しむ。（知・技）
・世界には，虹の色も色々な捉え方があることを知り，多様な考え方に触れる。（知・技）
・好きなものや好きでないものを伝え，自分を紹介する。（思・判・表）
・ものを見せながら話をする時には，相手に見やすいように見せることができる。（主）

3 単元の指導計画

時間	○主な学習活動・●評価の対象	□指導内容・○評価・☆留意点
第1時	● Let's Sing「The Rainbow Song」(p.15) ●色 ●虹を描く。	□色の言い方に慣れ親しむ。 ○英語で色を言っている。（知・技） ☆日本語式の発音にならないように，発音に留意させる。

	○ Let's Watch and Think ① (p.14)	□I like を使って自分の好きな色を言う。 ○相手に伝えようとする気持ちで自分の好きな色を言おうとしている。(主) ☆相手の目を見ながら言うようにする。
第2時	○ Let's Sing「The Rainbow Song」(p.15) ○ Let's Listen ①（肯定文）(p.16) ● Let's Listen ②（否定文）(p.16) ●好きな野菜，好きでない野菜	□好きでないという時の表現に慣れ親しませる。 ○好きでないという時には，I don't like を使うことを理解している。(知・技) ☆好きか好きでないか，相手に好きかどうか尋ねる時，数えられる名詞は複数形になることを教師は理解しておく。
第3時	○ Let's Sing「The Rainbow Song」(p.15) ○ Let's Chant (p.15) ● Let's Listen ③（疑問文・答え方）(p.16) ○ Let's Watch and Think ② (p.17) ● Let's Play「予想して尋ねよう」(p.17)	□好きかどうかを尋ねる時の言い方や答え方について知る。 ○好きかどうか尋ねる時の言い方を理解し，尋ねたり答えたりしている。(知・技) ☆疑問文では，上昇のイントネーションになることに留意する。
第4時	○ Let's Sing「The Rainbow Song」(p.15) ● Activity ②「自己紹介しよう」(p.17)	□自分の好きなものや好きでないものを言って自己紹介する。 ○描いたものを相手によく見えるように見せ，自分のことについて紹介している。(思・判・表) ☆友達のことを知る機会とする。

＼ ここで差がつく！指導＆教材活用のポイント ／

世界の虹の色

　世界には，虹の色を7色でなく，6色や4色，また2色で表す国もあります。日本では，「赤・橙・黄・緑・青・藍・紫」ですが，アメリカは「藍」がなく6色，ドイツでは，「橙」と「藍」がなく5色，アフリカでは，「赤・黄・緑」そして「黒」の4色で表します。

　　日本や韓国，オランダ……7色　　アメリカやイギリス…6色

　　フランス，ドイツ，中国…5色　　ロシアやアフリカ……4色

　　モンゴル………………………3色

　虹の色を，Roy G Biv と，まるで人の名前のように覚えることもあります。Roy G Biv とは，red, orange, yellow, green, blue, indigo, violet の頭文字をとったものです。

9 I like blue.　すきなものをつたえよう

第1時

・目　標：色の名前の言い方に慣れ親しみ，自分の虹を紹介する。
・準備物：□色の絵カード（red, yellow, pink, green, purple, orange, blue, 他）

1 導入（15分）

❶【Let's Sing】（p.15）：「The Rainbow Song」を歌う。（10分）

　デジタル教材で，「ゆっくり」バージョンの「字幕なし」で視聴させます。（1分）

　一度聞かせた後，「どんな色が出てきましたか」と尋ね，出てきた色を，歌の順番で黒板に貼って，並べていきます。（3分）

　もう一度歌を聞き，色を確認しながら，数回歌っていきます。（6分）

❷ 好きな色を児童に尋ねる。（5分）

T：（黒板に貼られている7つの色を指しながら）What color do you like ?

　　I like yellow and green.　What color do you like ?

C：Blue. / Red./ 他の色でもいいの？

T：Yes. What color do you like ?

C1：White !

T：Good.（と言って，白色のカードを黒板に貼る）他にもどんな色があるかな？

C：Black. / Grey. / Brown./ Light blue. / Light green.

\ ポイント /
　ここで好きな色を尋ねておくことで，次の虹の色を描く時の布石とします。

2 展開（20分）

❶ 好きな色で，虹の絵を描く。（8分）

T：Open your books to pages 14 and 15.

　　Look at page 15. You can see a rainbow, but no colors.

　　自分の好きな虹を描きましょう。Do you have Coupy Pencils ?

C：Yes.

T：Draw your rainbow.

描けた後，近くの人とどんな虹を描いたのか見せ合うようにします。

❷【Let's Watch and Think】(p.14)：世界の子どもたちが描いた虹を見る。(5分)

デジタル教材でも，世界の子どもたちが自由に虹を描いています。それを見せ，気付いたことを発表させます。

〈予想される児童の反応〉

・アメリカの子どもは，7色だったけど，中国では6色だった。

・ケニアでは4色で，黒を使っていた。

・ロシアでは5色を使っていた。

・国によって，虹の色が違うのが驚いた。

unit 4

\ ポイント /
I like...という表現を使って紹介している様子を見させておきます。

❸ 自分の描いた虹を，I like.... と言いながら，紹介する。(5分)

グループになって，自分の描いた虹を見せながら，紹介し合います。

C1：I like red. I like yellow. I like green. I like blue. I like purple. I like light blue.
　　　This is my rainbow. (と言って見せる)

C234：Beautiful.

みんなの前で紹介したい人がいれば，紹介させるようにします。

\ ポイント /
できるだけ英語の授業では，児童同士の交流を図るようにします。

❹【Let's Chant】(p.15)：チャンツを歌う。(2分)

3 まとめ (5分)

振り返りカードに気付いたこと，学んだことなどを書かせ，学んだことを発表させます。

10 I like blue. すきなものをつたえよう

第2時

・目 標：数字（1〜20）の言い方に慣れ親しむ。
・準備物：□色の絵カード　□野菜の絵カード

1 導入（15分）

❶【Let's Sing】（p.15）：「The Rainbow Song」を歌う。（1分）

❷ 色の絵カードを黒板に貼り，色の復習をする。（10分）

　状況により，キーワード・ゲームや，ミッシング・ゲーム，シャッフル・ゲームを行います。

❸【Let's Listen ①】（p.16）：I like...言い方を復習する。（2分）

　タケル，サヨ，ロバートの3人の英語を聞いて，好きな色の聞き取りを行います。

❹ 好きな色を尋ねる。（2分）

T：みんなの好きな色は何色ですか？ What color do you like, C1？

C1：I like purple.

T：Oh, you like purple. What color do you like, C2？

2 展開（20分）

❶【Let's Listen ②】（p.16）：好きなスポーツと好きでないスポーツを聞き取る。（5分）

デジタル教材で，聞き取りを行います。

T：3人の友達が，好きなスポーツ，好きでないスポーツについて話しています。

　　それを聞いて，ニコニコマークには好きなスポーツ，悲しそうにしているマークには好き

　　でないスポーツの番号を書きます。O.K. Listen to the CD.

C：（児童は聞く）

T：タケルの好きなスポーツは何だった？

C：Soccer.

T：好きじゃないスポーツは？

C：野球 / Baseball.

T：答えを確認しましょう。（デジタル教材の Answer を押す）3と1になった人？

T：Draw a circle with a red pencil. 赤鉛筆で○します。

サヨ，エミリーの２人はいっぺんに聞かせ，聞き取れた内容を確認します。

❷ 野菜の「好き・嫌い」を言う。（15分）

　野菜の絵カードを見せながら，教師の好きな野菜は左側に，好きでない野菜を右側に貼っていきます。（8分）

T：What's this ?

C：Carrot !

T：Yes. It's a carrot.（左側に貼る）What's this ?

C：Tomato.

T：Yes.（と言って嫌そうな顔をする）It's a tomato.（右側に貼る）

〈野菜例〉

① carrot　② eggplant　③ potato　④ tomato　⑤ cabbage　⑥ lettuce　⑦ onion　⑧ pumpkin　⑨ mushroom　⑩ green pepper　⑪ sweet potato　⑫ celery　⑬ spinach　⑭ bitter melon　⑮ cucumber　⑯ Chinese cabbage 等

　好きな野菜，好きじゃない野菜を１つずつ言います。（7分）

T：（人参を指さし）I like carrots.（しいたけを指さし）I like mushrooms.
　　（首を横に振り，トマトを指さしながら）I don't like tomatoes.
　　（セロリを指さし）I don't like celery....　みんな，好きじゃない野菜ってある？
　　好きな野菜を１つ，好きでない野菜を１つずつ言ってみましょう。

C1：I like tomatoes. I don't like mushrooms.

> \ ポイント /
> 　「好き」「嫌い」を言う時には，I like carrots. のように複数形で言います。中学年では，体験させ，気付かせていきますので，児童の発言を Oh, you like tomatoes. のように繰り返し，何となく音が違う（tomato/tomatoes）ということを体験的に耳に入れておきます。

❸ まとめ（5分）

　振り返りカードに気付いたこと，学んだことなどを書かせ，学んだことを発表させます。

11 I like blue.　すきなものをつたえよう

第3時

・目　標：相手に好きかどうか聞く表現や，その答え方を知る。

・準備物：□果物・野菜・スポーツの絵カード

1 導入（10分）

❶【Let's Sing】（p.15）：「The Rainbow Song」を歌う。（1分）

❷【Let's Chant】（p.15）：チャンツを歌う。（1分）

❸【Let's Listen ③】（p.16）：やまととエミリーの好きなものを聞き取る。（8分）

T：エミリーさんが，やまと君に色々質問します。やまと君の好きなものを○で囲みましょう。

　　（音声を聞く）

T：What does Yamato like ?　（**C**：Milk. Baseball. Pudding. Yellow.）

T：今の4つに○がしてある人？　（**C**：児童は手をあげる）

T：Draw a circle with a red pencil. 赤鉛筆で大きく○をしましょう。

T：O.K. Next, let's listen to Emily.

＼ ポイント ／

　この活動を通して好きかどうかを尋ねる時には，Do you like...?を使うことを理解させます。

T：何か好きかどうか聞く時，どんな質問していた？　（**C**：Do you like... ? ）

T：どんな風に答えていた？　（**C**：Yes, I do. / No, I don't.）

T：じゃ，先生が質問するから，好きかどうか答えてね。

　　（りんごの写真）Do you like apples ?　（**C**：Yes, I do. / No, I don't.）

2 展開（25分）

❶【Let's Watch and Think ②】（p.17）：予想して尋ねる。（15分）

　続いて，デジタル教材のLet's Watch and Think ②を行います。ここでは，最初に登場人物の好きなもの，好きでないものを予想するところから始まります。少しややこしいので，次のように進めていくといいでしょう。

　①の「よそうしよう」の動画を見ます。見た後に，男の子は何を言っていたのか尋ねます。

T：男の子は何を言っていたのかな？

C：何が好きか嫌いか？／バスケが好きか好きじゃないか？／そうだ。男の子が色々なものを見せていたけど，それが好きか，好きでないかを言っていたんだ。

T：Good. 最後に，Please guess. って言っていたでしょ。これは「考えてみて」という意味なんです。では，男の子が好きなものが4つあります。それを予想しましょう。好きなもの4つに〇，好きでないだろうなと思うものを△で2つ，絵の近くに印をつけておきましょう。いくつ予想が当たるかな？

C：（児童は予想する）

T：では，男の子にピーマン（green pepper）が好きかどうか尋ねてください。

　動画を流します。最初の10秒くらい男の子は黙ったままですが，その間に，児童がその男の子に，ピーマンが好きかどうか尋ねるという動画になっています。

C：（動画が流れる）......（児童はぽーっとしている）

T：終わっちゃったよ。（笑）もう1回，いくよ。男の子に質問するんだよ。

　同様に女の子もやります。

> \ **ポイント** /
> 　ここを丁寧にやっておくことで，次の Let's Play の活動につなげることができます。

②【Let's Play】（p.17）：友達の好きなものを予想して当てる。（10分）

　隣や前後のペアの友達の名前を書かせます。

　その友達が好きだと思ったら〇，嫌いだと思ったら△を書かせます。

　1つだけ空白になっているところは，何か尋ねたいことの絵を描きます。

　全員が予想できたことを確認した後，隣のペアで尋ね合います。

　終わったら，いくつ予想があっていたか聞きます。

　次に，前後のペアで同じことをします。

③ まとめ（5分）

　振り返りカードに気付いたこと，学んだことなどを書かせ，学んだことを発表させます。

12 I like blue. すきなものをつたえよう

第4時

・目　標：好きなもの好きでないものを入れて自己紹介をする。
・準備物：□果物・野菜・食べ物の絵カード1人5枚ずつ　□ワークシート

1 導入（10分）

❶【Let's Sing】（p.15）：「The Rainbow Song」を歌う。（1分）

❷【Let's Chant】（p.15）：チャンツを歌う。（1分）

❸「果物・野菜・食べ物」カードゲームをする。（8分）

　カードを1人5枚ずつ配ります。

T：今から，友達に，自分の持っているカードに書かれている食べ物や果物や野菜が好きかどうか英語で尋ねます。もし，好きだと言われたら，そのカードを相手にあげます。もらった人は，同じように自分の持っているカードの中から，相手が好きかどうか尋ねます。1枚ずつ交換したら，違う人のところに行ってやります。こんな風にやります。

T：Do you like cherries ?

C1：Yes, I do.

T：Oh, you like cherries. Here you are.

C1：Thank you. Do you like carrots ?

T：No, I don't.

C1：Do you like bananas ?

T：Yes, I do.

C1：Here you are.

T：Thank you.

2 展開（25分）

❶ 教師が自己紹介し，児童にゴールイメージをもたせる。（5分）

　あらかじめ，教師の自己紹介シートを作成しておきます。

　　・大きな画用紙の真ん中に，教師の自画像を描く。

　　・周りに，好きなものや好きでないものの絵を描く。

教師の自己紹介シートを見せ，自分を紹介します。

例）**T**：Hello. I'm Manami. I'm from Okinawa. I like vanilla ice cream. I like cucumbers.

I like basketball. I like red and blue. I don't like tomatoes. I don't like running.

Thank you. Any questions？（試しに質問を受け付ける）

C1：Do you like carrots？

T：No, I don't.

❷【Activity ②】(p.17)：自己紹介シートを作成する。(12分)

ワークシートを配付し，真ん中に似顔絵，周りに自分の好きなもの，好きでないものを描くように指示します。

児童が描いている間，机間指導し，Oh, you like strawberries. I like strawberries too. They are yummy.などと英語で語りかけ，自己紹介の参考になるようにします。書き終えたら，自己紹介の練習するように言います。

\ ポイント /
自己紹介シートを上手に相手に見せるようにします。

❸【Activity ②】(p.17)：4人班で自己紹介をする。(8分)

T：順番に，自己紹介をしていきます。自己紹介が終わったら，グループの人は，1人1つ以上，質問をしてください。だいたい1人自己紹介タイムは1分30秒です。では，Do *janken*.

C：Rock, scissors, paper. One two, three.

T：一番負けを決めてください。

一番負けちゃった人，stand up. 最初，その人が自己紹介します。1分後，終わったら，今度は左側に座っている人が立って，自己紹介します。

C1：（自己紹介する）

T：O.K. Time is up. Next, 左側にいる人が立ちます。Let's start.

3 まとめ（5分）

振り返りカードに気付いたこと，学んだことなどを書かせ，学んだことを発表させます。

What do you like？　何がすき？

●言語材料
〔基本表現〕What do you like？/I like tennis./What sport do you like？/I like soccer.
〔語　　彙〕スポーツ（sport, volleyball, table tennis）
　　　　　飲食物（food, hamburger, pizza, spaghetti, steak, salad, cake, noodle, egg, rice ball, jam），果物・野菜（fruit, grapes, pineapple, peach, melon, banana, lemon, kiwi fruit
〔既習事項〕挨拶・自己紹介（Unit 1），状態・気持ち（Unit 2），How many？数字（1～20）（Unit 3），I like…, Do you like…？I don't like…,（Unit 4）
●時数：4時間

1 単元の目標

・日本語と英語の音声の違いに気付き，身の回りのものの言い方や，何が好きかを尋ねたり答えたりする表現に慣れ親しむ。
・何が好きかを尋ねたり答えたりして伝え合う。
・相手に伝わるように工夫しながら，何が好きかを尋ねたり答えたりしようとする。

2 この単元のねらいと付けたい力

・What … do you like？を使って好きなことを尋ねたり答えたりする。（知・技）
・日本語と英語では，発音の違いやアクセントについて理解する。（知・技）
・好きなものや好きでないものを伝え，自分を紹介する。（思・判・表）
・相手に伝わりやすいようにジェスチャーを用いて話そうと工夫する。（主）

3 単元の指導計画

時間	○主な学習活動・●評価の対象	□指導内容・○評価・☆留意点
第1時	○英語の歌「Red is an apple」 ○「野菜」の語彙 ●ポイント・ゲーム① ○ポインティング・ゲーム ○ Let's Play「おはじきゲーム」（p.18）	□ポイント・ゲームを通し，What vegetable do you like？の表現や答え方に慣れ親しむ。 ○好きな野菜を尋ねたり，答えたりしている。 （知・技）

		☆野菜の語彙では，日本語式の発音にならない ように注意を払う。
第2時	○英語の歌「Red is an apple」 ○「果物」の語彙 ●ポイント・ゲーム② ○ Let's Listen（p.20） ○ Small Talk	□ポイントゲームを通し，What fruit do you like？の表現や答え方に慣れ親しむ ○好きな果物を尋ねたり，答えたりしている。 （知・技） ☆果物の語彙では，日本語式の発音にならない ように注意を払う。
第3時	○英語の歌「Red is an apple」 ○ Let's Chant（p.19） ○「スポーツ」の語彙 ●ポイント・ゲーム③ ● Activity ①「予想して尋ねよ う」（p.20）	□ポイントゲームを通し，What fruit do you like？の表現や答え方に慣れ親しむ ○好きなスポーツを尋ねたり，答えたりしてい る。（知・技） ☆スポーツ名では，日本語式の発音にならない ように注意を払う。
第4時	○英語の歌「Red is an apple 」 ○ Let's Chant（p.19） ○ Let's Watch and Think（p.21） ● Activity ②「好きなものを尋 ね合おう」（p.21）	□相手の好きな「果物」や「色」，また自分の 聞きたいことを相手に質問する。 ○何が好きかを英語で積極的に尋ねている。 （思・判・表）（主） ☆活動を始める前に挨拶をしたり，分かりやす くなるようにジェスチャーを用いたりするこ とに気付かせる。

＼ ここで差がつく！指導&教材活用のポイント ／

ミニ Small Talk を実践してみよう

　Small Talk は，高学年（5・6年生）で行うことになっていますが，3年生のこの時期，What…
do you like？に十分慣れ親しんだら，ぜひ児童とミニ Small Talk に挑戦してみましょう。教師が
質問して，児童が答えます。それに対して，Oh, you like tomatoes. I like tomatoes too. They
are delicious. のように反応していきます。児童はそれを見て，対話を少しずつ学んでいくでしょう。

　　T：I like watermelons and peaches. They are very juicy. I like them.
　　　　What fruit do you like？

　　C：（口々に）I like ....

　　T：What fruit do you like, C 1？

　C1：I like bananas.

　　T：Oh, you like bananas？ Nice.

13 What do you like？　何がすき？

第1時

・目　標：好きな野菜を尋ねる時の言い方に慣れ親しむ。
・準備物：□色・野菜の絵カード　□ポイント・ゲーム用得点カード

1 導入（10分）

❶ 英語の歌「Red is an apple」を歌う。（5分）

黒板に，色の絵カード（red）や果物の絵カード（apple）を貼っておきます。

黒板の絵カードを指しながら，歌を聞きます。

少しずつ，ジェスチャーをつけながら，歌っていき，児童もそれにつれて歌ってくるようにします。

❷ 野菜カードを取り出しながら，野菜の語彙を復習する。（2分）

Unit 4 で学習した野菜の絵カードを取り出し，1枚ずつ見せながら，野菜名を尋ねます。

T：What's this ?

C：Cucumber.

T：Yes. It's a cucumber. What's this ?

C：Eggplant.

T：Yes. Eggplant.

❸ 好きな野菜を尋ねていく。（3分）

全て黒板に貼ったら，好きな野菜を尋ねていきましょう。

T：What vegetable do you like ? I like eggplants.

C1：I like tomatoes.

T：You like tomatoes. What vegetable do you like, C 2 ?

C2：I like mushrooms.

T：Good. You like mushrooms.

> \ ポイント /
>
> What vegetable do you like？ が，「好きな野菜を聞いているんだなあ」と体験的に理解させていくようにします。

２ 展開（27分）

❶ ポイント・ゲームを行う。（20分）

〈ポイント・ゲームのやり方〉

・児童を２チームに分けます。

・Ａチームが Ｂチームに，What vegetable do you like？と尋ねます。

・Ｂチームは，好きな野菜を２つ，例えば，I like cucumber and potato. と言います。

・教師は，「きゅうり」と「じゃがいも」の交差したところにあるカードをめくると，そこに得点（ポイント）が現れます。その得点が，そのＢチームに入ります。

・続いて，Ｂチームが質問し，Ａチームの誰かが答えます。

・この連続で，各チーム12人ずつが発言するようになります。

〈板書〉

	なす	トマト	ピーマン	きゅうり	ほうれん草	たまねぎ
ニンジン		←→				
大根						100
ジャガイモ	×2			20		
かぼちゃ			×3			

〈得点カードの工夫〉　＊███████の裏には得点が書いてある。

・得点カードを工夫することで，児童はゲームに熱狂します。

・×2は，その時の得点が２倍になります。同様に×3は３倍になります。

・←→のカードは，ＡチームとＢチームの得点が入れ替わります。

❷ ポインティング・ゲームを行う。（2分）

テキストの18〜19ページを開けさせ，教師が言った英語を指で指します。

❸ 【Let's Play】（p.18）：おはじきゲームを行う。（5分）

３ まとめ（3分）

振り返りカードに気付いたこと，学んだことなどを書かせ，学んだことを発表させます。

14 What do you like? 何がすき?

第2時

・目　標：好きな果物を尋ねる時の言い方と答え方に慣れ親しむ。
・準備物：□果物の絵カード　□ポイント・ゲーム用得点カード

1 導入（10分）

❶ 英語の歌「Red is an apple」を歌う。（3分）

　事前に，色の絵カード，果物の絵カードを黒板に貼っておきます。

　ジェスチャーをつけながら歌います。

❷ 果物の絵カードを黒板に貼り，果物の復習をする。（2分）

　果物の絵カードを貼りながら，英語での言い方を確認していきます。特に，日本語式の発音にならないように留意します。

❸ 好きな果物を尋ねていく。（5分）

T：What fruit do you like ? I like kiwi fruit.

C1：I like watermelons.

T：You like watermelons. What fruit do you like, C 2 ?

C2：I like bananas.

T：Me too. I like bananas too.

> ＼ ポイント ／
>
> 　この流れでやると，児童は，「ポイント・ゲームやるの？」と言ってくるかも知れません。その言葉を待っていたかのように，果物ポイント・ゲームを行います。

2 展開（25分）

❶ ポイント・ゲームを行う。（15分）

　黒板に「果物の絵カード」と「得点カード」を貼ります。

T：Today's game is .... boys vs girls.　男子対女子．

C：お〜〜〜。

　どっちから先に答えるかジャンケンで決めます。

〈板書〉

	りんご	オレンジ	スイカ	桃	さくらんぼ	キーウィ
バナナ	▢	▢	▢	▢	▢	▢
レモン	▢					
ぶどう	▢					
かぼちゃ	▢					

＊得点カードが裏返しに貼ってある。

❷ 【Let's Listen】(p.20)：好きなものを聞き取る。(5分)

教科書を20ページ開けさせ，Let's Listen を行います。

❸ 好きな果物について Small Talk をする。(5分)

児童の本当に好きな果物について質問してみます。

T：What fruit do you like, C 1 ?

C1：I like peaches.

T：You like peaches ? They are sweet and juicy. What fruit do you like, C 2 ?

C2：I like grapes. Yummy.

T：Yes. They are so sweet. I like grapes too.

\ ポイント /

単なる QA にならないよう，児童と対話を楽しむようにします。その際，相手の発言を受け止め，果物の味にも触れおくのもよいでしょう。

❸ まとめ (5分)

振り返りカードに気付いたこと，学んだことなどを書かせ，学んだことを発表させます。

unit 5

15 What do you like？ 何がすき？

第3時

・目　標：好きなスポーツを尋ねる表現やその答え方に慣れ親しむ。
・準備物：□スポーツの絵カード　□ポイント・ゲーム用得点カード

1 導入（10分）

❶ 英語の歌「Red is an apple」を歌う。（3分）

❷ 【Let's Chant】（p.19）：チャンツを歌う。（2分）

❸ スポーツの絵カードを黒板に貼り，アクセントに注意して発音させる。（3分）

　スポーツの絵カードを貼りながら，英語での言い方を確認していきます。特に，アクセントに気をつけさせます。日本語式の発音にならないように留意します。

　例）básketball　báseball　vólleyball　ténnis　bádminton 等

　この時，ポイント・ゲームがそのままできるように，上と左側に並べて貼っていってもいいでしょう。

2 展開（25分）

❶ ポイント・ゲーム3回目を行う。（15分）

　どんなに楽しいゲームでも，変化をつけなくては飽きがきます。今回は，班対抗でやってみましょう。

T：Today's game is .... グループ対抗！
C：え～～～～？

　どの班から先に答えるかジャンケンで決め，順番を黒板に書いておきます。

T：どの班から先に答えるかジャンケンで勝ったグループからにしましょう。
C：（各班の代表が立ってジャンケンする）
T：1班が最初ね。次が5班…。

〈板書〉

	baseball	soccer	tennis	dodgeball	*judo*	*kendo*
volleyball	☐	☐	☐	☐	☐	☐
basketball	☐					
swimming	☐					
table tennis	☐					

1班 → 5班 → 3班 → 2班 → 4班 → 6班
(　　　　) (　　　　) (　　　　) (　　　　) (　　　　) (　　　　)

unit 5

クラス全員で，What sport do you like ? と質問します。

1班の誰かが手をあげ，I like swimming and soccer. などと言います。

水泳とサッカーの交差したところのカードを裏返しにし，そこに書いてあるポイントが，その班の得点になります。

例）[50]…50点　[100]…100点　[200]…200点

[×2]…その時の得点の2倍　[×3]…その時の得点の3倍

[②←→⑤]…2班と5班の得点が入れ替わる。

❷ 【Activity ①】（p.20）：友達の好きなものを予想してたずねる。（10分）

20ページを開かせ，友達の好きな「果物」「色」，「スポーツ」を1つずつ予想します。

答える人は，好きなもののベスト3を答えます。

ベスト3の中に，自分の予想したものが入っているか確認します。

1人目は隣のペア，2人目は前後のペア，3人目は席を自由に立って好きな人とやります。

\ ポイント /

　3つくらい答えさせれば，その中で1個くらいは予想が当たるかも知れません。別バージョンで，最初から予想を3つずつ考えさせ，いくつ当たっていたか競わせてもいいでしょう。

3 まとめ（5分）

振り返りカードに気付いたこと，学んだことなどを書かせ，学んだことを発表させます。

16 What do you like？ 何がすき？

第4時

・目　標：好きなもの好きでないものを入れて自己紹介をする。
・準備物：□果物・野菜・食べ物の絵カード1人5枚ずつ

1 導入（10分）

❶ 英語の歌「Red is an apple」を歌う。（3分）

❷ 【Let's Chant】（p.19）：チャンツを歌う。（1分）

❸ 【Let's Watch and Think】（p.21）：映像を見て登場人物の好きなものを聞き取る。（6分）

21ページの Let's Watch and Think の動画を見せます。

No.1 は「好きな果物」，No.2 は「好きなスポーツ」，No.3 は「好きな食べ物」の話題です。各場面とも，次のような順番で行います。

①最初に 動画 を見せます。

②次に，「登場人物にどんな果物が好きか聞いてみましょう」と言って，たずねてみよう の動画で，児童はビデオに向かって質問します。

③登場人物が好きなものを答えるので，聞き取り，21ページに書き入れます。

④答え合わせをします。

⑤最後に 通し視聴 を見させて，確認します。

＼ ポイント ／

　どんな場面で，What…do you like？が使われているか動画を見ながら理解させ，次の Activity につなげるようにします。

2 展開（25分）

❶ 【Activity ②】（p.21）：友達が何が好きか尋ね合う。（20分）

教材の Activity ②（p.21）のやり方を説明します。

T：Look at page 21. Activity No 2.

　「友だちが何がすきかをたずねあおう」をやります。

　みんなが好きな食べ物は何かな？

日本語で，21ページの表の「あなた」のところに書きましょう。

先生は，「寿司」かな？

C：（児童の好きな食べ物を書く）

T：今度は色です。What color do you like ? I like white. Please write the color.

C：（児童の好きな色を書く）

T：最後は，自分が質問したいもの。どんなことを聞きたい？

C1：好きなジュース。

T：お…。What juice do you like ? ですね。他に…。

C2：好きなまんがは何ですか？

T：What comic book do you like ? ですね。

最後の１つは，自分が尋ねたいものを１つ選び，絵を簡単に描きます。

　児童は，最初に，隣のペアと前後のペアで２人とやります。

　活動の中間評価として，「みんな始める前に挨拶した？　ジェスチャーを入れて，相手に伝わりやすくなるようにした？」と，活動の様子を振り返らせるようにします。

　２回目は，斜めのペアとやった後，残りの３人は自由に立って，尋ね合います。

❷ 児童と Small Talk をする。（5分）

　習った表現を使って，児童と自由会話をしていきましょう。

T：Close your books. What fruit do you like ?

C1：I like watermelons.

T：Yes. They are very juicy. They are sweet. What fruit do you like, C 2 ?

C2：I like cherries.

T：Nice. Do you like cherries ? （児童全員に向かって聞く）

C：（手をあげる）

T：I like cherries too.

❸ まとめ（5分）

　振り返りカードに気付いたこと，学んだことなどを書かせ，学んだことを発表させます。

ALPHABET　アルファベットとなかよし

●言語材料
〔基本表現〕The "A" card, please. /Here you are. /Thank you. /You're welcome.
〔語　　彙〕アルファベットの大文字, the, card, alphabet, please, here, /thank, welcome,
　　　　　　数字（21～30，0），book, drum, fish, gorilla, hat, ink, jet, king, monkey,
　　　　　　notebook, pig, queen, rabbit, sun, tree, umbrella, violin, watch, box, yacht
〔既習事項〕挨拶, you, are（Unit 1），数（1～20），apple, crayon, egg, lemon, orange
　　　　　　（Unit 3）
●時数：4時間

1 単元の目標

・身の回りには活字体の文字で表されているものがあることに気付き，活字体の大文字とその
　読み方に慣れ親しむ。
・自分の姓名の頭文字を伝え合う。
・相手に伝わるように工夫しながら，自分の姓名の頭文字を伝えようとする。

2 この単元のねらいと付けたい力

・アルファベットの大文字の読み方を聞いて，どの文字であるか分かる。（知・技）
・アルファベットの大文字の発音の仕方を知る。（知・技）
・物を渡す時に，Here you are. と言って渡す。（知・技）
・自分の欲しいカードを友達に依頼する。（思・判・表）
・相手に伝わりやすいようにジェスチャーや表情をつけながらやり取りをする。（主）

3 単元の指導計画

時間	○主な学習活動・●評価の対象	□指導内容・○評価・☆留意点
第1時	○ Let's Sing「ABC Song」(p.23) ○スキット ●アルファベットの読み方練習 ○アルファベット探し	□アルファベットの読み方に慣れ親しむ。 ○正しい発音でアルファベットを言っている。 　　　　　　　　　　　　　　　　　（知・技） ☆日本語にない音に特に留意させる。

第2時	○ Let's Sing「ABC Song」(p.23) ○キーアルファベット・ゲーム ●アルファベットカード・ゲーム 　①「アルファベット順並べ」 ●アルファベットカード・ゲーム 　②「アルファベットビンゴ」	□アルファベットの読み方が発音されるのを聞き，どの文字であるか分かる。 ○文字の読み方を聞いて，どの文字であるか理解している。（知・技） ☆似ている発音（G/Z, M/N, B/V）に気をつけさせる。
第3時	○ Let's Sing「ABC Song」(p.23) ○アルファベットカード・ゲーム 　①「アルファベット順並べ」 ○アルファベットカード・ゲーム 　②「アルファベットカルタ」 ● Let's Play「仲間分け」(p.24)	□アルファベットを仲間分けすることで，文字の形や音に注目する。 ○アルファベットの形や音に興味を示し，色々な仲間を考えている。（知・技） ☆スポーツ名では，日本語式の発音にならないように注意を払う。
第4時	○ Let's Sing「ABC Song」(p.23) ○看板クイズ ○ Who am I クイズ ● Activity「頭文字集め」(p.25) ○自己紹介	□自分の欲しい頭文字を得るために，友達に依頼する。 ○ please を使って，自分が欲しいカードを友達と伝え合っている。（思・判・表）（主） ☆物をやり取りする時には，Here you are./Thank you. /You're welcome. をしっかりと言わせるようにする。

\ ここで差がつく！指導＆教材活用のポイント /

アルファベットは身の回りにたくさんある

　大事なことは，私たちの周りにはたくさんのアルファベットがあるということです。そこで，身近な看板からアルファベットを見つけて来させたり，英字新聞の中から大文字のA〜Zまで探させたり，新聞や広告の中からアルファベット大文字を探したりすることをするのもいいでしょう。

　ちなみに，右の図形には，どんなアルファベットの大文字が隠れているでしょうか？

（答え：E, F, H, I, K, L,（M）, N, T, V, X, Y, Z）

17 ALPHABET　アルファベットとなかよし

第1時

・目　標：アルファベットの文字の発音の仕方について違いに気付く。
・準備物：□大文字のアルファベットカード

1 導入（10分）

❶ 【Let's Sing】（p.23）：「ABC Song」を歌う。（5分）

デジタル教材の ABC Song で，「ゆっくり」バージョン，「字幕なし」で歌を聞きます。

児童も歌に合わせて歌ってくるようになったら，「すごいね。もう歌えるかな？　O.K. Let's sing together.」と言って歌っていきます。

❷ ALT とショートスキットを行う。（5分）

教室の両脇から HRT と ALT が走ってきて黒板の前まで来たら，T：タッキーと，ALT：Jackson の T & ALT：ショートスキット～～～と言って，短い寸劇を行い，日本語と英語では発音が違うことを理解させます。

〈スキット〉

ALT：Do you know ABC？	**T**：Yes. I am an ABC man！
ALT：What's this？（A の文字を見せる）	**T**：It's エ～.
ALT：エ～. No！It's /ei/.	**T**：エ～.
ALT：No！/ei/.	**T**：/ エイ .
ALT：Good！	**T**：Yes！I am an ABC man！
ALT：What's this？（C の文字を見せる）	**T**：シー.
ALT：Not シー. /siː/ スイー	**T**：スイー.
ALT：Good！	**T**：Thank you. I'm an ABC man！！
ALT：How about this？（F の文字を見せる）	**T**：エフ.
ALT：No！！F.（エフの /f/ で下唇を噛む）	**T**：エ…フ.（ /f/ で下唇を噛む）
ALT：Great！You are a Super ABC man！	**T**：Thank you. I'm a Super ABC man.

\ ポイント /

このように，HRT（学級担任）が ALT に発音を矯正してもらう場面を寸劇し，普段言っているアルファベットは，英語の発音とは違うことに気付かせます。

②展開（25分）

❶ 英語の発音の特徴を理解する。（5分）

アルファベットカードを見せながら，教師の後に繰り返させます。

アルファベット指導では次に気をつけさせます。特に，日本語にない音（/f/, /v/ , /l/ , /r/）に気をつけさせましょう。

A	エーではなくて / エイ /	N	「エンヌ」と最後は唇を少し開けたまま
B	唇をしっかり閉じてから，「ビー」	O	オとウで「オウ」
C	歯と歯を合わせて「スィー」	P	唇をしっかり閉じてから「ピー」
D	舌を前の歯茎の後ろにけて「ディー」	Q	そのまま「キュー」
E	口を横に広げて「イー」	R	舌を後ろにもっていきながら「アー」
F	エと言った後下唇を噛んで「フ」	S	普通に「エス」
G	そのまま「ジー」	T	口を横に広げて「ティー」
H	そのまま「エイチ」	U	口を丸くしながら「ユー」
I	アとイで，「アイ」	V	下唇を軽く噛んで「ヴィー」
J	ジェイと最後は，「エイ」となる	W	ダブルUとなるよう「ダブリュー」
K	ケイと最後は，「エイ」となる	X	そのまま「エックス」
L	「エ〜ォ」と最後は舌をぐっとあげて，	Y	そのまま「ワイ」
M	「エ〜ム」と最後は唇を閉じる	Z	「ジー」とならないように「ズィー」

\ ポイント /

　発音指導する時には，少し大げさなくらいやるといいです。やんちゃな児童ほど大げさに真似をしてくるでしょう。

❷ アルファベットの読み方を練習する。（5分）

❸ アルファベット探しを行う。（15分）

教材の22〜23ページの絵の中から大文字のアルファベットを探す活動をします。

③まとめ（5分）

振り返りカードに気付いたこと，学んだことなどを書かせ，学んだことを発表させます。

unit 6

18 ALPHABET　アルファベットとなかよし

第2時

・目　標：アルファベットの大文字の読み方に慣れ親しむ。
・準備物：□大文字のアルファベットカード　□ジッパー袋（児童数分）　□はさみ（各自）

1 導入（10分）

❶ 【Let's Sing】（p.23）：「ABC Song」を歌う。（2分）

❷ アルファベットの読み方の復習をする。（3分）

　黒板にアルファベットカードを貼りながら，発音を確認していきます。特に，A, C, F, G, L, M, N, O, R, V, Z については，発音に留意させます。

❸ キーアルファベット・ゲームをする。（5分）

　キーワード・ゲームと同様，キーとなるアルファベットを言った時は消しゴムを取るというゲームを行います。

〈やり方〉
①児童をペアにさせ，消しゴムをペアの間に1つ置きます。
②キーとなるアルファベットを決めておきます。
③児童は教師の後に，アルファベットを繰り返していきます。
④決めておいたキーアルファベットを聞いたら，すばやく消しゴムを取ります。
⑤消しゴムを取った人が勝ちです。
⑥キーとなるアルファベットを変え数回行い，アルファベットを言うことに慣れ親しませます。

\ ポイント /
この活動により児童が元気よく英語を繰り返し，授業の最初を楽しくさせる効果があります。

2 展開（25分）

❶ アルファベットカードを切り取る。（7分）

　教材の後ろの方にあるアルファベットカードを切り取るように指示します。

❷ 「アルファベットカード・ゲーム①」A~Z の順番に並べさせる。（3分）

T ：カードを，黒板のように，アルファベット順に並べてみましょう。

Ready？ Go！

C ：（アルファベット順に並べる）

T ：終わった人は，I'm finished. と言いましょう。

❸ 「アルファベットカード・ゲーム②」カード・ビンゴをする。（14分）

〈やり方〉

①隣の児童とペアにさせます。

②ペアでアルファベットカードを机の上に，5×5に並べます。アルファベットは26文字なので，1つ余ります。

③教師が言ったアルファベットを裏返します。

④縦1列，横1列，斜め1列，裏返ったら「BINGO！」と言って，ペアで手をあげます。

⑤最初にビンゴになったペアには10点。次にビンゴになった

A	G	M	S	Q
H	L	C	R	P
V	D	E	I	Y
W	K	Z	J	B
X	F	N	T	O

ペアは9点…というように1点ずつ減らし，1点までいったらおしまいです。

⑥ペアは，一度ビンゴになっても，どんどん続けて裏返していき，ビンゴになったら手をあげます。その時，その時の得点が加算され，合計得点で競います。

⑦もし，1つもビンゴにならなかったら，No Bingo で，20点です。つまり，No Bingo になること自体，なかなかならないので，貴重なのです。

＼ ポイント ／

3年生の児童はまだアルファベットは書くことはしませんが，カードを置かせれば，ビンゴができます。または本書110ページのように，アルファベットを書かせるビンゴもあります。

❹ アルファベットカードを袋に入れる。（1分）

ジッパー袋を児童に配り，その中にカードを入れておくようにするといいです。

3 まとめ（5分）

振り返りカードに気付いたこと，学んだことなどを書かせ，学んだことを発表させます。

unit 6

19 ALPHABET　アルファベットとなかよし

第3時

・目　標：アルファベットの文字の形や音に注目し，文字を認識することに慣れ親しむ。

・準備物：□大文字のアルファベットカード

1 導入（15分）

❶【Let's Sing】(p.23)：「ABC Song」を歌う。（2分）

❷「アルファベットカード・ゲーム①」A~Z の順番に並べさせる。（3分）

前時にも行った順番並べを行います。

❸「アルファベットカード・ゲーム②」アルファベットカルタを行う。（10分）

児童はアルファベットカードを取り出します。

ペアになり，カルタ1組だけ使います。

〈やり方〉

①教師の言ったアルファベットを取ります。

②手が重なった時には，下になっている方がカードが取れます。

③同時の場合は，ジャンケンします。

④楽しく，真剣にやるように言っておきます。

\ ポイント /

　最初に読み上げるアルファベットは，比較的簡単に理解できる S, H, Y, X, K, A, B, C 等のアルファベットから言っていくようにしましょう。また，よく聞かないと分からないものは，「次，難しいよ。よく聞いてね。M」のように，M/N,G/Z,B/V を言う前には，注意を向けさせるようにするといいでしょう。

2 展開（20分）

❶【Let's Play】(p.24)：大文字の仲間分けを行う。（20分）

文字の形や音等への認識を深めるために，大文字の仲間分け活動を行います。

教材の24ページを開かせ，例題として，一番上にある「YNVEIFHXZWKALMT」は，ど

んな仲間であるか考えさせます。（答え：直線でできているアルファベット）

　児童に，仲間分けをさせます。

　24ページの指示文では，「文字カードをおこう」となっていますが，見様見真似で，文字を書かせてしまいます。

　10分後，教師のところに教材を開いて持って来させます。

　児童に，考えた仲間分けを黒板に書かせるように指示します。

　既に出ている分類は，赤鉛筆で○をして席に戻し，「他にもあるかどうか考えてみてください」と言っておきます。

　全部出たところで，黒板に書かれたものは，どんな仲間であるか児童に考えさせます。

〈予想される仲間分け例〉

A C D E H I M O T U V W X Y	線対称の文字
H I N O S X Z	半回転させても形は同じ文字
A H J K	/ei/　という音が入っている文字
B C D E G P T V Z	/iː/ で終わっている文字
B C D G J O P Q R S U	曲線がある文字
C L M N O P S U V W Z	一筆書きで書ける文字
T K Z W I H R T O A	自分の名前にある文字（たきざわひろと）

unit 6

\ ポイント /

　児童に問題を出させる時には，最初の3文字位を提示して，どんな仲間分けをしたか分かった児童は，仲間を連れてくる方法もあります。それにより，仲間であれば，黒板に書きたし，違っていれば，黒板の隅の方に書いておくようにして，いきなりどんな仲間であるか当てさせるよりも，考える楽しみが生まれます。

C1：H, A, L. Any friends ?　　　　　　　　**C2**：分かった！　S.

C1：Yes. S.　　　　　　　　　　　　　　　**C3**：T ?

C1：No.　　　　　　　　　　　　　　　　　**C4**：X ?

C1：Yes. X.（答え，「エ」で始まるアルファベット）

3 まとめ（5分）

　振り返りカードに気付いたこと，学んだことなどを書かせ，学んだことを発表させます。

20 ALPHABET　アルファベットとなかよし

第4時

・目　標：相手意識をもち，欲しいイニシャルを尋ねたり渡したりする。
・準備物：□看板クイズ　□イニシャル Who am I ？クイズ　□アルファベットカード

1 導入（10分）

❶ 【Let's Sing】（p.23）：「ABC Song」を歌う。（1分）

❷ 看板クイズを行う。（4分）

次のような画像を見せ，□に入る文字を考えさせます。

大文字だけでできている看板文字には次のようなものがあり

ます。

SEGA（ゲームセンターのセガ）　KFC（ケンタッキーフライドチキン）　LAWSON
（ローソン）　MINISTOP（ミニストップ）　AED（自動体外式除細動器）　GENKY（薬
局）等

＼ ポイント ／

児童が住んでいる町の身近な看板を写真にとり，文字をかくして提示できるといいです。

❸ イニシャル Who am I ？クイズを行う。（5分）

ヒントクイズを出し，イニシャルに注目させます。

T：I'm Takizawa Hiroto. My initial is T.H.（T と H のカードを児童に見せる）

T：O.K. I'll give you hint quizzes. No. 1. I am H.K.（H と K のカードを黒板に貼る）

T：I am a character.（**C**：何だろう？）

T：I am a cat. I am white. I have a red ribbon on my head. Who am I ？（**C**：分かった！）

T：みんなで答えをせーの！（**C**：ハローキティ！）

T：That's right.（と言って，キティの絵を見せる）

〈問題例〉

○ I am N.N. I am an anime character. I am a boy. I am an elementary school student.

I like アヤトリ. *Doraemon* is my best friend.　（野比のび太）

○ I am N.S. I am an anime character. I am a boy. I am very naughty. I go to kindergarten.
　I live in Kasukabe, Saitama.（野原しんのすけ）

\ ポイント /
クイズの答えを学校の先生にしたものは，児童には人気だと思います。

②展開（25分）

❶【Activity】（p.25）：イニシャル集めをする。（20分）

児童を男子と女子の2グループに分けます。

女子に水色の色紙に印刷したアルファベットカードを1人5枚ずつ配ります。

男子は女子に尋ね，自分の名前のイニシャルを集めます。

例）　男子：The "H" card, please.　　女子：（H のカードがない）Sorry. No.
　　　男子：The "I" card, please.　　女子：（I のカードがある）Yes. Here you are.
　　　男子：Thank you.

自分のイニシャルが見つかった男子は，友達や先生，家族，芸能人など誰でもいいので，イニシャルを2人分，集めます。

約8分後，女子が持っているアルファベットカードを集め役割を交代します。

男子にピンク色に印刷したアルファベットカードを1人5枚ずつ配ります。

女子は男子のやり方と同様，自分のイニシャルを集めます。

❷ 自己紹介をする。（5分）

集めたイニシャルを見せながら，ペアで自己紹介をします。

C1：Hello. I am Takizawa Hiroto. "T" and "H".

C2：Hello. I am Yamada Yui. "Y" and "Y".

③まとめ（5分）

振り返りカードに気付いたこと，学んだことなどを書かせ，学んだことを発表させます。

This is for you.　カードをおくろう

●言語材料
〔基本表現〕What do you want？/A star, please. /Here you are. /This is for you.
〔語　　彙〕形（square, rectangle, star, diamond）, 身の回りのもの（bus, flower, shop,
　　　　　　balloon, house, car, candy）, 動物（dog, cat, panda, mouse, bear）
〔既習事項〕How many apples？ 形（circle,triangle,heart）（Unit 3）, I like blue. Do you
　　　　　　like blue？ Yes, I do. No, I don't. 色（Unit 4）, What color do you like？（Unit
　　　　　　5）, Thank you. You're welcome. 数（21〜30）（Unit 6）
●時数：5時間

1 単元の目標

・日本語と英語の音声の違いに気付き，形の言い方や，欲しいものを尋ねたり答えたりする表
　現に慣れ親しむ。
・欲しいものを尋ねたり答えたりして伝え合う。
・相手に伝わるように工夫しながら，自分の作品を紹介しようとする。

2 この単元のねらいと付けたい力

・欲しいものを尋ねる時の表現（What do you want？）や答える時（I want...）の表現を教
　師や友達とのやり取りの中で，慣れ親しむ。（知・技）
・自分の欲しいものを友達に依頼したり，相手の欲しいものを尋ねたりしながら，伝え合う活
　動をする。（思・判・表）
・相手に喜んでもらえるようにカード作りを行い，作品を紹介する。（主）

3 単元の指導計画

時間	○主な学習活動・●評価の対象	□指導内容・○評価・☆留意点
第1時	○英語の歌 　「Ten Little Pumpkins」 ● What can you see？ ○ Let's Play ① シェイプ・クイズ①（pp.26-27） ○ Let's Play ② ポインティング・ゲーム（pp.26-27） ○形の切り取り	□形の言い方について理解し，形の語彙に慣れ親しむ。 ○見出し絵から見つけた形を言っている。 　　　　　　　　　　　　　　　（知・技） ☆見開き2ページの誌面を用い，十分に形の言い方に触れさせるようにする。

第2時	○英語の歌 「Ten Little Pumpkins」 ○ Let's Play ② シェイプ・クイズ②（pp.26-27） ○作品作り ●作品発表会	□色や形の言い方に慣れ親しむ。 ○色々な形で作った絵を友達に紹介している。 　　　　　　　　　　　　　　　　（知・技） ☆色紙を班に配り，自由に形を切らせ，十分に時間を与えながら作品作りを行う。
第3時	○英語の歌 「Ten Little Pumpkins」 ○ Let's Chant（p.27） ○ Let's Watch and Think（p.28） ●プレゼント渡し	□世界には色々なカードがあることを知り，もらう人の気持ちを考えることができる。 ○カードをもらう人の気持ちを理解しようとしている。　　　　　　　　　　　　（主） ☆本時の学習が単元最後の友達とカードをやり取りする場面に大きく関わってくるので，相手が喜んでくれるにはどうしたらよいか考えられる時間とする。
第4時	○英語の歌 「Ten Little Pumpkins」 ○ Let's Chant（p.27） ○ Let's Listen（p.29） ●カード作り	□友達にあげるカードを友達の好きな形や好きな色を尋ねながら作品を作ろうとする。 ○好きな形や色を尋ねたり答えたりして伝え合っている。（思・判・表） ☆相手意識をもちながら作品を作る。
第5時	○英語の歌 「Ten Little Pumpkins」 ○ Let's Chant（p.27） ● Activity（p.29） ○マッチング・ゲーム	□カードのデザイン等について英語で紹介しながら，友達に渡す。 ○相手に伝わりやすいように上手にカードを説明しようとしている。（思・判・表）（主） ☆プレゼント等，物をもらった時にどんな反応をするか考えさせる。

＼ ここで差がつく！指導＆教材活用のポイント ／

体験的に学ぶ大切さ

　小学校外国語活動の特徴的なキーワードに「言語や文化について体験的に理解を深め」とあります。本単元では，単なる言葉の上で「形」の語彙ではなく，実際に形を切ってみたり，作品作りを行ったり，作品を発表したりしながら，形の語彙に慣れ親しませ，また，自分が欲しい形を I want ….また相手に欲しい形を聞く時に，What do you want？と尋ねることを通して，体験的に学習する単元となっています。

21 This is for you. カードをおくろう

第1時

・目　標：形の言い方が分かるようにする。
・準備物：□形の絵カード　□色々な形が印刷されている画用紙　□ジップ袋（児童分）

1 導入（15分）

❶ 英語の歌「Ten Little Pumpkins」を歌う。（2分）

❷ 【Let's Play ①】（pp.26－27）：シェイプ・クイズをする。（8分）

デジタル教材で，「シェイプ・クイズ」，「どうぶつ当てクイズ」を行っていきます。

T：What shape is this？（デジタル教材の左上の「円」を指す）

C：Circle！

T：Yes. What is this circle？

C：せんべい！　ボール！　お金！

T：O.K. Let's check！（と言って黒い円をクリックすると，サッカーボールが出てくる）

C：Soccer ball！

T：Yes. It's a soccer ball.

❸ 身の回りから色々な形を見つける。（5分）

形の絵カード（circle, square, rectangle, triangle, diamond）を黒板に貼り，発音を確認します。

身の回りの中にどんな形があるか児童から引き出し，実生活と結び付けましょう。

実際はスイカやトマト，リンゴなどは，round となりますが，横から見た様子ということで，circle とします。ちなみに，round は3年生 unit 9で学習します。

〈身の回りの色々な形〉

star	星形	ヒトデ，星形に切りぬいたニンジンやキュウリ，五稜郭
circle	円	フグを正面から見たところ，スイカ，時計，500円玉
triangle	三角形	「止まれ」の標識，いちご，山，ミッキーマウスの口
rectangle	長方形	バス，のり，豆腐，消しゴム，サンドイッチ，1万円札
diamond	ダイヤモンド	菱餅，フェンスの網の目，
square	正方形	サイコロ

②展開（20分）

❶ 見出し絵（pp.26－27）から知っている英語を言い合う。（4分）

T：What can you see on these pages ?

C：Hot dog ! Ice cream. Bus. Flower. ジェットコースター！ Tree. ごみ・ばこ！
観覧車って何て言うんだ？

❷【Let's Play ②】（pp.26－27）：ポインティング・ゲームをする（8分）

ランダム再生で，最初に「物・場所」を扱います。

T：O.K. Let's play Pointing Game. Listen and point the picture.
（音声が流れる：It's a castle.）

C：何だ？

T：It's a castle.

C：キャソー？　ああ，城か…？

続いて「色」と「形」を聞き取らせるポインティング・ゲームをやります。

> \ ポイント /
> 　ある程度，英語が理解できるようになったら，児童同士ペアで交互に言い合い，ペアでポインティング・ゲームをさせてもいいでしょう。

❸ 色々な形を切り取る。（8分）

第4時で使用する形の絵カードを児童に切らせます。

切った形は，各班ごとに箱に入れさせます。

色々な形が印刷されている色画用紙（半分）を渡し，形を切り取らせます。

切り取った形は，ジップのある袋に入れておき，名前を書いて集めておき，4時間目に使うことを言っておきます。

③まとめ（5分）

振り返りカードに気付いたこと，学んだことなどを書かせ，学んだことを発表させます。

22 This is for you. カードをおくろう

第2時

・目　標：色々な形で作品を作り，それを英語で紹介する。
・準備物：□シェイプ・クイズ　□色画用紙（各班に1セット）　□白画用紙（児童分）

1 導入（10分）

❶ 英語の歌「Ten Little Pumpkins」を歌う。（2分）

❷ 「形」の言い方の復習とミッシング・ゲームを行う。（3分）

❸ アルファベットシェイプ・クイズを行う。（5分）

　Unit 6でアルファベットの大文字を学習したので，それと関連させ，
色々な形の裏に隠れているアルファベットを当てるゲームを行います。

T：What shape is this ?　（**C**：Square！）

　　What alphabet is this square ?（正方形の形をしているアルファベット
　　は何だろう？）

T：The answer is ....（と言って正方形をめくるとMの文字が出てくる）M！

C：ああ～～～。

例）　　　**T**：What shape is this ?

　　　　　　　　C：Y？ T？

　　　　　　　　T：Yes. This is Y！

〈アルファベットの色々な形〉　分類なし　F, J, P, W, Z

square(正方形)	G, H, M, Q, X,	rectangle(長方形)	B, C, D, E, I, K, N, R, S, U,
triangle(三角形)	A, L, T, V, Y,	circle 円	O

2 展開（25分）

❶ 色々な形を用いて，作品作りを行う。（15分）

T：今から画用紙を切り取って，色々な形を組み合わせて，作品を作りましょう。

　　例えば，先生の作品です。One triangle.　Eight green rectangles. One star！

This is my Christmas tree !

T：では，みんなも作品を作ります。今から班に色画用紙を配ります。この色画用紙を色々な
　　形に切って，作品を作ってみてください。色画用紙は友達と譲り合って使います。

各班に色の画用紙を配ります。
児童は，はさみで好きな形に切って，作品を作ります。作った作品は白画用紙に貼らせます。
およそ時間を15分とることを伝えます。

❷ 作品の発表会をする。（10分）

グループで，順番に紹介していきます。

C1：One triangle. One square. One rectangle. One circle.　This is my *oden* !

C234：Good ! Nice. Wonderful.

C1：Your turn, C 2.

C2：Three triangles. Three circles.　Two rectangles. One square. This is my robot !

最初からは作品を見せないようにします。
英語でどんな形があるのかを伝えた後，This is my.... という言い方で，作品を見せます。
このようにすることで，最初に英語を聞くということさせることができます。
グループの全員が発表終えたら，時間があれば，誰か1人グループでよかった作品を選び，
みんなの前でグループの代表が発表して授業を終えるようにするといいでしょう。

C1

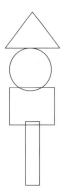

C2

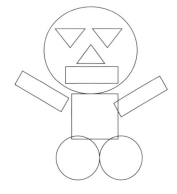

❸ まとめ（5分）

振り返りカードに気付いたこと，学んだことなどを書かせ，学んだことを発表させます。

23 This is for you. カードをおくろう

第3時

・目　標：相手に物をあげる時の表現（This is for you.）を理解する。

・準備物：□プレゼントの写真が入った封筒(児童分)　□「Let's Try! 1」巻末の色・形カード

1 導入（15分）

❶ 英語の歌「Ten Little Pumpkins」を歌う。（2分）

❷ 【Let's Chant】(p.27)：チャンツを歌う。（3分）

休み時間にかけておくと自然と児童は歌い始めるでしょう。

「ゆっくり」バージョンから，「ふつう」バージョンへ，何回か繰り返しながら歌います。

❸ Shape ビンゴを行う。（10分）

教材の後ろにある色・形カードを切り取って，ビンゴをします。

28枚のカードから9枚選び，3×3に机の上に置きます。

教師が Red circle. と言ったら，赤の円のカードがあれば，それを裏返すという方法もありますが，ここは児童に選ばせるような形で，教師が What do you want？と聞いてみましょう。手をあげた児童を指名し，その児童が言ったカードを裏返すようにします。

最初にビンゴになった児童に10点，次に9点…1点ずつ点を減らしていき，1点になったらおしまいです。

2 展開（20分）

❶ 【Let's Watch and Think】(p.28)：世界の色々なグリーティングカードについて知る。(12分)

映像を見せる前に，カードに何と書かれているか推測して読ませましょう。

T：Let's open your books to page 28.

　　You can see some greeting cards.

　　Can you read English？

　　What does the pink card say？　何て書いてあるかな？

C：ハッピー…。バレン，タイン。ハッピーバレンタインだ！

T：Good！ How about a blue one？ You can see Santa Claus. Can you read it？

C：メリー～～クリスマス！！

T : Yes！ It's "Merry Christmas." カードを渡す時に，何て言っていた？

C : This is for you！

② プレゼント交換をする。（8分）

　封筒に，「車」「自転車」「時計」「帽子」「算数の問題集」などの写真を HP などから印刷し，入れておきます。その封筒を１人１つずつ配り，次のように確認をします。

T : 封筒の中には色々なプレゼントが入っています。今から，友達とその封筒を渡し合い，プレゼント交換します。物をあげる時，何て言うんだっけ？

C : This is for you.

T : Yes. This is for you.って言います。で，渡す時は？

C : Here you are.

T : もらったら？

C : ... Thank you.

T : そうですね。

　ALT がいれば ALT と，いなければ近くの児童とやってみます。

HRT : Hi, Kenny. This is for you. Here you are.

ALT : Thank you.（封筒からプレゼントを取り出す）Wow, it's beautiful.
　　　　Thank you very much. Mr.Takizawa, this is for you. Here you are.

HRT : Thank you.（封筒からプレゼントを取り出す）
　　　　Wow, it's cool. A nice watch！ Thank you. Bye！

　児童は時間内（約５分）でできるだけ多くの人とプレゼント交換をします。
　教師も児童に混ざって，参加しましょう。

> \ ポイント /
> 　封筒に入れる写真は，普段はプレゼントではあり得ないような「家」や「ボート」，「馬」や「牛」なども入れておくと，もらった人はびっくりして，盛り上がるでしょう。

③ まとめ（5分）

　振り返りカードに気付いたこと，学んだことなどを書かせ，学んだことを発表させます。

24 This is for you.　カードをおくろう

第4時

・目　標：形カードを友達と交換し合いながら，カード作りを行う。
・準備物：□B6版の色画用紙（1人4枚）　□第1時に集めた切り取った形（児童各自）
　　　　　□友達カード　□ワークシート

1 導入（10分）

❶ 英語の歌「Ten Little Pumpkins」を歌う。（2分）

❷ 【Let's Chant】（p.27）：チャンツを歌う。（1分）

❸ 【Let's Listen】（p.29）：基本表現 What do you want？, please. に触れる。（7分）

教材の29ページを開けさせ，Let's Listen を行います。

答え合わせをした後，基本表現（What do you want？ ...〜, please.）を確認しておきます。

2 展開（25分）

❶ 本時の課題を提示する。（1分）

教師が作ったカードを見せながら言います。

T：先生がいつもお世話になっている先生に作ったカードです。○○先生は，お花が好きなの
　　で，色々な形で花を作ってみました。伝えたいことは，「いつも仕事を遅くまで手伝って
　　くれてありがとうございます」という感謝の気持ちを書いた Thank You Card です。みん
　　なもクラスの友達や家族，先生にカードを送りたいと思います。

❷ 友達カードを配る。（2分）

カードを配り，カードに書かれている友達に書くように伝えます。

T：カードを贈る友達を決めます。今からカードを配ります。みんなは，そこに書いてある友
　　達2人にカードを送ります。では，紙を配りますので，見てもいいというまでは見ないで
　　いてください。（配付する）

T：では，見てください。

C：え〜〜〜！　やったー！

T：その人には内緒ですよ。サプライズカードですから…。

❸ どんなカードを作るか考える。（5分）

　ワークシートを配り，カードにどんな気持ちを伝えるか考える時間をとります。

T：では，ワークシートを配ります。そこに誰にカードを送るのか，先ほどの2名の名前をまず書いておきましょう。次に，あと2人は自由です。友達でもいいですし，家族でもいいです。先生でもいいです。残り2人は，自分で誰に書くのか考えてください。

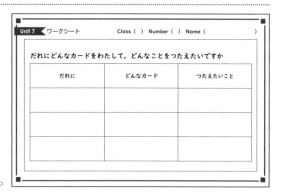

❹ 欲しい形をグループでやり取りをして交換し合う。（5分）

　第1時に児童が切り取った形カードを本人に配ります。

　グループにします。

　児童は，その形カードを机の上に広げます。

　カード交換を始めます。この時，次のように欲しいカードを英語で伝えます。

C1：What do you want ?　　**C2**：Green star, please.

C1：Here you are.　　**C2**：Thank you. What do you want ?

C1：Three black rectangles, please.

❺ カードを作る。（12分）

　色画用紙を半分に切ったものを1人4枚ずつ配ります。

　集めた形カードを貼りながら，カードを作っていきます。

　この時，児童には英語で話しかけ，Do you like pink ? It's a nice picture. What's this ? 等と声をかけていきます。

❸ まとめ（5分）

　振り返りカードに気付いたこと，学んだことなどを書かせ，学んだことを発表させます。

25 This is for you. カードをおくろう

第5時

・目　標：相手意識をもち，作ったカードを友達にプレゼントする。
・準備物：□色・形カード

1 導入（10分）

❶ 英語の歌「Ten Little Pumpkins」を歌う。（2分）

❷【Let's Chant】(p.27)：チャンツを歌う。（1分）

❸ Shape ビンゴを行う。（7分）

以前は3×3でやったので，今回は4×4で行います。

2 展開（25分）

❶ マッチング・ゲームをする。（15分）

色・形カードを使ってゲームを行います。

〈やり方〉

①机を合わせ4人グループにします。

②班に形・色カードを配ります。

③カードを配り，ババ抜きのように同じカードがあれば，机の真ん中に出してきます。

④はやく手元のカードがなくなれば上がりです。

⑤右隣の人に，What do you want？ と聞きます。

⑥右隣の人は，欲しいカードを，Red triangle, please. のように聞きます。持っていれば，そのカードを相手に渡します。持っていなかったら，もう1回 What do you want？と尋ねます。2回聞いてもなければ，Sorry. と言って，1枚どれかカードをあげます。

\ ポイント /

遊びの中で，十分時間をとり，基本表現 What do you want？ や，This is for you. Here you are. などが使えるようにします。

❷【Activity】(p.29)：作ってきたカードを友達にプレゼントする。(10分)

カードの渡し方を確認します。

T：今日は，この間作ったカードを友達にプレゼントしましょう。

こんな風にあげます。ちょっと聞いてみましょう。

（デジタル教材の音声を聞く）

T：どんな風に言っていた？

C：形を説明していた。This is for you.って言っていた。

T：では，今から，友達に渡していきましょう。

児童の活動の様子を見る。

渡す前に，自分が作ったカードを気に入ってもらえるか，質問してから，渡しましょう。例えば，「どんな色が好き？」What color do you like？，とか，「どんな形が好き？」What shape do you like？ と尋ねてから，渡しましょう。

Demonstration！

近くの児童を指名し，やり方を見せます。

T：Hello.	**C1**：Hello.
T：What color do you like？	**C1**：I like pink.
T：Oh, you like pink？ Do you like green？	**C1**：Yes.
T：あ～よかった。先生，緑を使っていたから。 　　What shape do you like？	**C1**：I like triangle.
T：Good！Look！（と言ってみんなに見せる） 　　Green triangle. This is for you.	**C1**：えっ！もらっていいの？
いつも，きれいに掃除してくれてありがとう。	**C1**：Thank you.

T：こんな風に カードを渡す前に，好きな色や形を質問して，最後に，いつものお礼を言って，渡しましょう。Stand up！

❸ まとめ（5分）

振り返りカードに気付いたこと，学んだことなどを書かせ，学んだことを発表させます。

What's this？　これなあに？

●言語材料
〔基本表現〕What's this？/Hint, please. /It's a fruit. /It's green. /It's a melon. /That's right.
〔語　　彙〕動物・生き物（elephant, horse, spider, moth, owl），sea, it, hint
　　　　　　大きさ（big, small, tall, short），形（round, long）
〔既習事項〕形（circle,triangle,heart）（Unit３），色（Unit４），動物（rabbit, monkey, fish,
　　　　　　pig, dog, cat, panda, mouse, bear）（Unit６）
●時数：5時間

1 単元の目標

・外来語とそれが由来する英語の違いに気付き，身の回りの物の言い方や，ある物が何かを尋ねたり答えたりする表現に慣れ親しむ。
・クイズを出したり答えたりし合う。
・相手に伝わるように工夫しながら，クイズを出したり答えたりしようとする。

2 この単元のねらいと付けたい力

・ある物が何かを尋ねる表現（What's this？）や答える時（It's...）の表現に慣れ親しむ。

(知・技)

・ヒント・クイズを出し合い，ある物を伝え合う活動をする。(思・判・表)
・相手に理解してもらえるようなヒントを考え，伝えようとする。(主)

3 単元の指導計画

時間	○主な学習活動・●評価の対象	□指導内容・○評価・☆留意点
第1時	○英語の歌 「Twinkle Twinkle Little Star」 ●アルファベットシャッフル・ゲーム ○シェイプシャッフル・ゲーム	□What's this？/It's...の応答の仕方に慣れ親しむ。 ○尋ねる時は What's this？ 答える時は It's を用いて応答している。(知・技) ☆既習事項を入れながらシャッフル・ゲームを行い，応答に慣れさせる。

第2時	○英語の歌 「Twinkle Twinkle Little Star」 ●アニマルシャッフル・ゲーム ●看板クイズ ○Let's Play ① (p.31) ○虫眼鏡クイズ	□What's this？/It's...の応答の仕方に慣れ親しむ。 ○尋ねる時は What's this？ 答える時は It's を用いて応答している。(知・技) ☆色々な活動を通し，十分に What's this？/It's...の応答に慣れさせるようにする。
第3時	○英語の歌 「Twinkle Twinkle Little Star」 ○Let's Chant (p.31) ○Let's Play ②「シルエット・クイズ」(p.32) ●Activity「ヒント・クイズ」 (pp.32-33)	□ヒント・クイズに答えながら，ヒントの出し方について理解を深める。 ○ヒント・クイズでのヒントの出し方について理解が深まっている。 (知・技) ☆It's ...で始まる色々な種類のヒントを出し，ヒントの出し方に慣れ親しませる。
第4時	○英語の歌 「Twinkle Twinkle Little Star」 ○Let's Chant (p.31) ●Activity「ヒント・クイズ」 (pp.32-33) ●グループでヒント・クイズ作り ●グループでヒント・クイズの発表	□グループ内で協力し，ヒント・クイズを作る。 ○うまく答えにつながるようにヒントを出す順番などを考えながら，工夫してヒントを考えている。(思・判・表)(主) ☆ヒント・クイズ作りでは，教師の全面的な支援と，発表の準備を十分にさせる。
第5時	○英語の歌 「Twinkle Twinkle Little Star」 ○Let's Chant (p.31) ●スーパーヒント・クイズ ●グループ内スーパーヒント・クイズ	□一方的にヒントを聞くのではなく，質問をしながら，ヒントを集めていくようにする。 ○質問内容を考えながら，積極的に質問している。(思・判・表)(主) ☆使える表現を児童に与えたり，黒板にイラストを掲示したりするようにする。

\ ここで差がつく！指導＆教材活用のポイント /

絵や写真の一部を見せる方法

　絵や写真の一部を見せる時，絵の上に真っ白な紙を重ね，少しずつずらしながら見せていく方法や，画用紙の真ん中に穴が開いているもの（虫眼鏡シート）で，一部を見せたり，いくつかの窓があり児童にどの窓を開けたいか尋ね，開いた窓からどんなものが描かれているか当てる Window Game など，What's this？の応答で児童の興味関心を惹く方法は色々あります。これらの教具は，一度作ってしまえば，長く使えますので，手元に置いておくとよいでしょう。

26 What's this？　これなあに？

・目　標：What's this？の質問に答える時に，It's ...で始めることを知る。
・準備物：□アルファベットカード　□形の絵カード

1 導入（15分）

❶ 英語の歌「Twinkle, Twinkle Little Star」を歌う。（3分）

❷ アルファベットシャッフル・クイズをする。（12分）

アルファベットカードを見せながら，A～Z までの読み方を確認します。

T：What's this？（と言って，アルファベットの A を見せる）　　**C**：A！

T：What's this？（と言って，アルファベットの B を見せる）　　**C**：B！

〈シャッフル・クイズのやり方〉

①アルファベットカードを7枚程選び，黒板に横一列に貼ります。

②読み方を確認した後，カードを裏返してきます。

③7枚のカードを裏返しにしたまま順番を入れ替えます。

④その後，カードを指しながら，What's this？と尋ね，アルファベットを当てていくゲームです。

⑤グループ対抗で行ってもいいし，個人で言わせてもいいでしょう。

2 展開（20分）

❶ What's this ？の質問に対する答えを知る。（4分）

T：今，アルファベットでシャッフル・クイズをしましたが，先生は何て質問した？

　「これな～に？」って，英語で…。

C：What's this？

T：Yes. I asked, "What's this？" それで，What's this？って聞かれたら，どんな風に答えたらいいんだろう？ Let's Chant を聞きながら，どんな風に答えたらいいか聞いてみよう。

Let's Chant（p.31）を聞かせ，It's.... で答えることを確認します。

〈音声スクリプト〉

What's this？ What's this？ What's this？

It's a dog！ It's a monkey！ It's a tiger！　Wow, that's right！

It's .... で答えていることを確認した後，曲に合わせて歌ってみます。（2回）

❷ シェイプシャッフル・ゲームを行う。（8分）

T：O.K. Let's play Shape Shuffle Game！　What's this？（と言って，○を見せる）

C：Circle！

T：What's ....this？（It's.... で答え始めるようにもう一度質問する）

C：Circle！

T：Wha...t's....this？（「何か足りないよ」というような感じで尋ねる）

C：It's a circle！（と元気な声で言う）

T：Good！ It's a circle.（It's を強調しながら言う）

このように，rectangle, square, triangle, star, heart, diamond を黒板に貼っていきます。

裏返しにして，シャッフル・ゲームを行います。

T：This is a circle. This is a rectangle. This is a square.... Turn it over.（○を裏返す）Turn it over.（長方形を裏返す）...　Let's shuffle the cards. What's this？

C：はい！　It's a rectangle.

❸ シェイプシャッフル・ゲームをペアで行う。（8分）

教材の巻末の色・形カードを用い，ペアでシャッフル・ゲームを行います。

> ＼ ポイント ／
> 　ここで児童の発話を求めます。机の上にカードを広げ，1つずつ裏返した後，What's this？と尋ね，いくつ正解するかを競います。あくまでも What's this？/It's...の応答に慣れ親しむことをねらいとします。

3 まとめ（5分）

振り返りカードに気付いたこと，学んだことなどを書かせ，学んだことを発表させます。

27 What's this？ これなあに？

第2時

・目　標：身の回りのものを用いながら，What's this ？とその応答に慣れ親しむ。
・準備物：□動物の絵カード □看板クイズ □虫眼鏡クイズ(虫眼鏡用紙・動物や物のイラスト)

1 導入（15分）

❶ 英語の歌「Twinkle, Twinkle Little Star」を歌う。（2分）

❷ アニマルシャッフル・ゲームを行う。（5分）

　既習の動物（rabbit, monkey, fish, pig, dog, cat, panda, mouse, bear）の絵カードを用い，シャッフル・ゲームを行います。

❸ 看板クイズを行う。（8分）

　ALT との Team-Teaching を想定して，看板クイズを行います。

　次のように日本に見られる看板を尋ねる場面で，「これな〜に？」と ALT が尋ね，児童に答えさせます。

ALT：Mr.Takiawa, I saw a sign in a town.
　　　What's this ?
　　　（と言って，止まれの標識を見せる）

HRT：What's this ?（と児童にふる）

　C：止まれ！　Stop !

ALT：Oh, it's a "Stop" sign. Thank you.
　　　Well, what's this sign ?（と言って，お寺のマークを見せる）

　C：It's a てら！

HRT：寺 is this.（と言って写真を見せる）

ALT：Oh, it's a "temple".

HRT：Temple.

　他教科で習ったことを英語の授業で扱うことで，より実生活に結びつけるようにします。
　ALT に日本で使われている地図記号を教えるという意味ある言語活動に近づけることができます。

〈地図記号クイズ例〉

②展開（20分）

❶【Let's Play ①】（p.31）：隠れている動物や物を見つける。（10分）

教材の30〜31ページを開けさせ，季節を確認していきます。

T：We have four seasons in Japan. Spring, summer, fall and winter.

What season is this？（と言って一番右側の絵を指さす）

C：冬！

T：Yes. It's a "winter".

以下，summer, spring, fall と確認していきます。

　虫眼鏡で見えるものは何か尋ね，映像で確認していきます。最初は，「夏」からはじめ，「秋」「冬」「春」と見せていきましょう。

　You can see something 〜. という表現は，次の単元 Unit 9 で学習するので，さりげなく触れさせておきます。

T：You can see something yellow and black.　What's this？

C：Hint, please.

T：Look. Can you guess？

❷ 虫眼鏡クイズを行う。（10分）

　虫眼鏡のように真ん中が空いている画用紙を用意し，児童に何かを当てさせます。

　虫眼鏡ですので，色々な場所に移動し，どんな動物であるか，どんなものであるかを当てさせていきましょう。

③まとめ（5分）

　振り返りカードに気付いたこと，学んだことなどを書かせ，学んだことを発表させます。

28 What's this？　これなあに？

第3時

・目　標：ヒント・クイズを通して，あるものを説明することに慣れ親しむ。
・準備物：□ヒント・クイズ　□動物や果物などのヒント・クイズで使う絵カード

1 導入（10分）

❶ 英語の歌「Twinkle, Twinkle Little Star」を歌う。（2分）

❷【Let's Chant】（p.31）：チャンツを歌う。（1分）

❸【Let's Play ②】（p.32）：シルエット・クイズを行う。（7分）

デジタル教材で，シルエット・クイズを行います。

シルエット・クイズを行いながら，What's this？を聞くことに慣れると同時に，ピーマンやきゅうり，ニンジン，玉ねぎなどの語彙に慣れ親しませましょう。

終わったら，ペアで教材のシルエットを指さしながら，「これはな〜に？」と尋ね合うやり取りを行わせましょう。

C1：What's this？（と言いながら，桃を指さす）

C2：It's a peach. What's this？（ピーマンを指さす）

C1：It's a green pepper.

2 展開（25分）

❶【Activity】（pp.32-33）：ヒント・クイズを行う。（7分）

デジタル教材で，Activity の「①ヒント・クイズ」を行います。

ヒント・クイズQ1を聞かせ，答えを推測させます。

それぞれヒント英語は，次のようになります。

〈ヒント・クイズ〉

	ヒント1	ヒント2	ヒント3	答え
Q1	A fruit.	Yellow.	Monkey.	A banana.
Q2	It's a fruit.	It's red.	It's a triangle.	A strawberry.
Q3	It's an animal.	It's black and white.	It's from China.	A panda.

❷ ヒント・クイズ　先生に問題を出す。（8分）

先生問題を出してみましょう。

〈ヒント・クイズ例〉

	ヒント1	ヒント2	ヒント3	答え
例1	It's a fruit.	It's red.	It's round.	An apple.
例2	It's a vegetable.	It's long.	It's orange.	A carrot.
例3	It's an animal.	It's grey.	It's big.	An elephant.
例4	It's a sport.	11 players.	Kick a ball.	Soccer.
例5	It's a food.	It's black and white.	It's triangle.	A rice ball.

❸ ペアでヒント・クイズをする。（5分）

児童は黒板に貼ってある動物または物を見て，ヒント・クイズに挑戦します。

C1：It's a fruit. It's small. It's red. It's sweet.

C2：Strawberry.

C1：That's right！

❹ 【Let's Play ②】(p.33)：漢字クイズ・足あとクイズを行う。（5分）

「海星」「海月」「海馬」の漢字を何と読むのか，児童に尋ねてみます。

T：What's this？

C：I don't know.

T：O.K. Let's check. （と言って，Q ボタンと A ボタンを押す）

答えはそれぞれ「海星」（ヒトデ = starfish），「海月」（クラゲ = jellyfish），「海馬」（タツノオトシゴ = sea horse）であることを確認します。

先生問題を出します。

例）「河馬」（hippo），「海豚」（dolphin）

誰の足あとか推測した後，デジタル教材の音声を聞いて，答えを確認します。

3 まとめ（5分）

振り返りカードに気付いたこと，学んだことなどを書かせ，学んだことを発表させます。

unit 8

29 What's this？ これなあに？

第4時

・目　標：グループでヒント・クイズを作り，発表する。
・準備物：□野菜, 果物, スポーツ, 動物の絵カード　□ミニホワイトボード他(班に1つ)
　　　　　□ワークシート

1 導入（10分）

❶ 英語の歌「Twinkle, Twinkle Little Star」を歌う。（2分）

❷【Let's Chant】（p.31）：チャンツを歌う。（1分）

❸ ヒント・クイズを出す。（7分）

「野菜」「果物」「スポーツ」「動物」等の絵カードを黒板に貼っておきます。

T：Hint 1.　It's a fruit.

　　　Hint 2.　It's round.（丸いというようなジェスチャーをする。round は新出語）

　　　Hint 3.　It's sour.（すっぱいという表情をする。sour も新出語）

　　　Hint 4.　It's yellow.

C：Grapefruit！

T：That's right.

　ALT がいれば，ALT と交互に問題を出していくといいでしょう。

〈ヒント・クイズ例〉

①	It's a fruit. It's yellow. It's long. It's sweet.	banana
②	It's a vegetable. It's bitter. It's green and white. It's long.	Japanese radish
③	It's an animal. It's cute. Two long ears. It's white, brown, or black.	rabbit

　このヒント・クイズを通して，次のような語彙を児童に聞かせておきます。

種類	vegetable, fruit, animal, anime character
形・大きさ	big, small, long, round, triangle, oval（楕円形）
色	red, orange, yellow, brown, black, white, grey
味	sour, sweet, bitter,
その他	It's from China.

何問か終わった後,「今日は, こんなヒント・クイズをみんなで作ってもらいます」と言って, ワークシートを配り, グループでのヒント・クイズ作りに入ります。

❷ 展開（25分）

❶ グループでヒント・クイズを作る。（10分）

4人グループを作ります。

各グループにヒント・クイズを最低1つは作るように言います。

ヒントは3つずつ作ります。

答えとなるものは, できるだけみんなの知っているものとします。

教師が全面的にサポートに入り, ヒントを考えさせるようにします。

例）・It's an animal. It's tall. It's yellow and brown. What's this?（giraffe：きりん）

　　・It's a fruit. It's juicy. It's sweet. It's pink. It's round. What's this?（peach：桃）

　　・It's a vegetable. It's green. It's long. What's this?（cucumber：きゅうり）

　　・It's an anime character. It's blue. It's a cat. It's a robot. What's this?
　　（*Doraemon*：ドラえもん）

❷ ヒント・クイズを発表する。（15分）

4人が前に出てきて, ヒントを言っていきます。

グループには, ミニホワイトボードとマーカーペン, ボード消しを渡しておき, ヒントクイズの答えを日本語で書かせます。正解したグループには1点というように, グループ対抗のヒント・クイズ大会にしてもいいでしょう。

各グループの得点は, 黒板に書いていくといいでしょう。

> ＼ ポイント ／
>
> 　自分たちでクイズを作り, 前に出て発表するということは, 児童のよい学習経験になります。与えられたものでなく, 自分たちのアイデアでヒントクイズを作ることに価値があります。時間がなければ, 次の時間に行う等, するといいでしょう。

❸ まとめ（5分）

振り返りカードに気付いたこと, 学んだことなどを書かせ, 学んだことを発表させます。

unit 8

30 What's this？　これなあに？

第5時

・目　標：尋ねる表現を用いながら，ヒント・クイズに答える。
・準備物：□スーパーヒント・クイズ用カード（キリン，ゾウ，サクランボなど）

1 導入（15分）

❶ 英語の歌「Twinkle, Twinkle Little Star」を歌う。（2分）

❷【Let's Chant】（p.31）：チャンツを歌う。（1分）

❸ スーパーヒント・クイズを行う。（12分）

ALT と Team-Teaching で行います。

HRT：Hello. Kenny. This is my hint quiz.　What's this？

（と言って，裏に答えが描いている紙を見せる）

ALT：Is it an animal？

HRT：No, it isn't. It's a vegetable.

ALT：Is it green？

HRT：No. It's purple.

ALT：Is it an eggplant？

HRT：Yes, it is！

（と言って，ナスの絵を見せる）

> ＼ ポイント ／
> この「スーパーヒント・クイズ」では，No. と答えた時には，何か1つヒント付け足すという約束事にしています。そのことで，答えの対象が絞られやすくなります。

2問目は，ALT が問題を出します。

ALT：Now, it's my turn What's this？

HRT：Is it a fruit？

ALT：Yes！

HRT：Is it yellow？

ALT：No. It's green outside. It's red inside.

HRT：Is it big？

ALT：Yes.

HRT：Is it juicy ?

ALT：Yes.

HRT：みんな答え分かった？

C：Watermelon !

ALT：That's right. It's a watermelon.（と言ってスイカの絵を見せる）

②展開（20分）

❶ グループでスーパーヒント・クイズを行う。（15分）

カードは人には見せないように指示をしてから，1人3枚ずつ渡るように配ります。

4人グループを作らせ，机を合わせます。

グループでスーパーヒント・クイズを行います。

〈やり方〉

①ジャンケンして，一番勝った人が立ちます。

②座っている人は，立っている人に質問し，答えを当てていきます。

③当たったら，役割を交代し，時計回りで，次の人が立ちます。

④②③を繰り返し，ヒント・クイズを行います。

＼ ポイント ／

　必要に応じ，黒板に，Is it_____? と書いておき，下線に，「色」や「特徴」「大きさ」「形」などを例示として，示しておいたり，事前に練習をしておいたりすると，児童が自信をもって質問することができるでしょう。

❷ 代表児童によるスーパーヒント・クイズを行う。（5分）

　数名が前に出てきて，スーパーヒント・クイズを ALT と行ったり，児童から質問を受け付けたりするなど，児童が前面に出る授業とします。

③まとめ（5分）

　振り返りカードに気付いたこと，学んだことなどを書かせ，学んだことを発表させます。

Who are you？　きみはだれ？

●言語材料

〔基本表現〕Are you a dog？/Yes, I am. /No, I'm not. /Who are you？

〔語　　彙〕動物・生き物（cow, dragon, snake, tiger, sheep, chicken, wild boar）、
大きさ（long, shiny, scary, furry）、他（something）

〔既習事項〕色（white, black, red）（Unit 4）、形（square）、状態（small）、動物（rabbit,
monkey, dog, mouse）（Unit 7）

●時数：5時間

1 単元の目標

・日本語と英語の音声やリズムなどの違いに気付き、誰かと尋ねたり答えたりする表現に慣れ
親しむ。

・絵本などの短い話を聞いて、おおよその内容が分かる。

・絵本などの短い話を反応しながら聞くとともに、相手に伝わるように台詞をまねて言おうと
する。

2 この単元のねらいと付けたい力

・「（どんな）何かが見える」（I see something....）や、「あなたは～ですか」（Are you...？）の
表現や答える時（I am...）の表現に慣れ親しむ。（知・技）

・絵や状況を参考に、絵本の内容を理解する。（思・判・表）

・登場人物になり切って、ミニ演劇をしようとする。（主）

3 単元の指導計画

時間	○主な学習活動・●評価の対象	□指導内容・○評価・☆留意点
第1時	英語の歌「Left and Right」 ○ Unit 1 復習 ●絵本読み聞かせ ●内容を振り返る ○ Who am I クイズ	□絵本の読み聞かせを行い、内容を理解する。 ○動物の特徴を理解しながら、絵本の内容を理解している。（知・技） ☆絵本の中から隠れている動物を探させながら、動物の特徴を理解させる。
第2時	○英語の歌「Left and Right」	□ Are you...？ を使って、動物の特徴を入れな

	○ Unit 2 復習 ○絵本読み聞かせ ●アニマル・クイズ	がら，動物クイズに答える。 ○積極的に質問している。（知・技）（主） ☆動物の特徴を表す語句などを黒板に貼っておき，必要に応じて見られるようにする。
第3時	○英語の歌「Left and Right」 ○ Unit 3 復習 ○絵本読み聞かせ ●ミニ演劇①	□第1場面を4人グループで演じる。 ○登場人物になり切って，演じている。 （思・判・表）（主） ☆思い切って，堂々と登場人物になり切って行うように，励まし，誉める。
第4時	○英語の歌「Left and Right」 ○ Unit 4・5 復習 ○絵本読み聞かせ ●ミニ演劇②	□第2場面を4人グループで演じる。 ○登場人物になり切って，演じている。 （思・判・表）（主） ☆思い切って，堂々と登場人物になり切って行うように，励まし，誉める。
第5時	○英語の歌「Left and Right」 ○ Unit 6 復習 ○絵本読み聞かせ ●ミニ演劇③	□第3場面を6人グループで演じる。 ○登場人物になり切って，演じている。 （思・判・表）（主） ☆思い切って，堂々と登場人物になり切って行うように，励まし，誉める。

＼ ここで差がつく！指導＆教材活用のポイント ／

ミニ演劇の指導手順

グループで演劇（スキット）を行う時には，次のような手順で指導します。

①配役を決める。

②自分の台詞を覚える。（台詞は自由に決めてよい）

③グループで覚えた台詞をつなぎ合わせ，一通りやってみる。

④ジェスチャー，表情などをつけながらやる。

⑤立って，演じてみる。

⑥指名なしで，発表させる。

前に出てきて発表できれば合格というつもりで，プラス評価を行うようにします。

31 Who are you？ きみはだれ？

第1時

・目　標：絵本の内容を理解する。
・準備物：□十二支の動物の絵カード（犬，うさぎ，猿，ヘビ，ねずみ，牛，馬，トラ，羊，鶏，いのしし）

1 導入（10分）

❶ 英語の歌「Left and Right」を歌う。（3分）

❷ 3年生の復習（名前と出身地）をする。（7分）

教材2～3ページを開けさせ，教材に登場する子どもたちの出身地を確認します。

T：もうすぐ1年が終わりますね。どんな英語を勉強してきたか復習していきましょう。

Open your books to pages 2 and 3. How many children do you see ?

C：Nine.

T：Yes. Nine children. Who is from Korea ? Point to the picture.

C：Here !

T：ここでみんなが勉強したのは何だったけ？

C：出身地の言い方と名前の言い方！

T：そうだね。先生とみんなで挨拶をしてみますね。

T：Hello, C1.	**C1**：Hello.
T：I'm Takizawa Hiroto.	**C1**：I'm Takada Junya.
T：I'm from Tokyo, Japan.	**C1**：I'm from Saitama, Japan.
T：Nice to meet you	**C1**：Nice to meet you too.

数人とやった後，児童に自由に立たせ，友達と挨拶を交わすように指示します。

2 展開（25分）

❶ 絵本「Who are you？」を読み聞かせをする。（10分）

デジタル教材または，独自に作ったパワーポイントの絵で，読み聞かせします。

T：Let's read a picture book. Who are you ? 君はだ～れ？　何をしているんだろう？

```
Part 1
    Dog : 1, 2, 3, 4, 5, 6, 7, 8, 9, 10. Ready or not, here I come !
    Dog : I see something white !  I see something black. I see something long.
          Are you a .... rabbit ?
 Rabbit : Yes, I am. I am a rabbit. My body is white !
    Dog : Are you a monkey ?
 Monkey : Yes, I am. I am a monkey. My eyes are black.
    Dog : Are you a snake ?
  Snake : Yes, I am. I am a snake. I am long !
```

どこに何がいたか確認させます。

T：Look at page 35. Where is the rabbit ? Can you find it ?

C：Yes ! Here !

T：Check with your partners. Then, where is a monkey ? Where is a snake ?

同様に，第2・3場面を読み聞かせします。

❷ 物語を振り返る。（5分）

T：How many animals do you see in this picture book ?

C：Ten ?

T：What are they ?

C：A dog, a rabbit, a snake...（と思い出させる。同時にイラストを黒板に貼っていく）

❸ Who am I クイズで，Are you〜? Yes, I am./ No, I'm not. のやり取りを行う。（10分）

絵本のキーワードを用いながら，Who am I クイズを行います。

T：Who am I Quiz ! Please guess. I am small.

C：Are you a mouse ?

T：Yes, I am.

3 まとめ（5分）

振り返りカードに気付いたこと，学んだことなどを書かせ，学んだことを発表させます。

unit 9

32 Who are you？ きみはだれ？

第2時

・目　標：アニマル・クイズでやり取りをしながら，動物を当てる。
・準備物：□気持ちカード　□動物の絵カード（1人2枚）□穴あきカード（グループに1つ）

1 導入（15分）

❶ 英語の歌「Left and Right」を歌う。（3分）

❷ 3年生の復習（Unit 2 感情や状態の表現）をする。（5分）

教材6～7ページを開けさせ，感情や状態の言い方を確認します。

T：How many children do you see？（**C**：Ten.）

T：Who is sleepy？ Point to the picture.（**C**：Here！）

T：Hello, C1.	**C1**：Hello.
T：How are you？	**C1**：I'm good. How are you？
T：I'm good too. Thank you.	

数人とやった後，児童に自由に立たせ，友達と挨拶を交わすように指示します。

❸ 絵本「Who are you？」を読み聞かせをする。（7分）

前回読んだ絵本をもう一度読んでいきます。

この時，セリフの途中で止めて，児童にその続きを言わせるようにしましょう。

T：Let's read a picture book. Who are you？ 君は誰？

Dog：1, 2, 3, 4, 5, 6, 7, 8, 9, 10. Ready or not？ Here I come！

Dog：I see something white！ Are you a ....（**C**：rabbit？）

Rabbit：Yes, I am. I am a rabbit. My body is....（**C**：white！）

Dog：I see something black. Are you a...（**C**：monkey？）

Monkey：Yes, I am. I am a monkey. My eyes are（**C**：black.）

Dog：I see something long. Are you a（**C**：snake？）

Snake：Yes, I am. I am a snake. I am long！

2 展開（20分）

❶ アニマル・クイズを行う。（5分）

　画用紙の真ん中に○が空いている紙を，動物のイラストに重ね，やり取りを行いながら，動物を当てていきます。

T：Look at me！ Who am I？

C：I see something white.

T：（○の部分を動かす）

C：I see something black. I know！

T：Who am I？

C：Are you a cow？

T：Yes, I am.

> ＼ ポイント ／
> 黒板には，やり取りで使いそうな語彙イラストを貼っておきます。

❷ グループでアニマル・クイズを行う。（15分）

　上記❶で教師と児童でやったものを，児童同士で行わせます。

〈やり方〉
①グループに○の空いた画用紙を1枚ずつ配る。
②児童1人2枚ずつ，動物カードを配る。
③グループで1人が立ち，○の空いた画用紙を重ねて，班員に見せる。
④班員は，I see something shiny. のように言いながら，当てていく。
⑤当たったら，時計回りで，次の人が問題を出す。

〈会話例〉

C1：Who am I？　　　　　　**C2**：I see something grey.

　　　　　　　　　　　　　　C3：Are you small？

C1：Yes, I am.　　　　　　**C4**：Are you a mouse？

C1：Yes, I am. I am a mouse.

3 まとめ（5分）

　振り返りカードに気付いたこと，学んだことなどを書かせ，学んだことを発表させます。

33 Who are you？ きみはだれ？

第3時

・目　標：登場人物（犬，ウサギ，猿，ヘビ）になり切ってミニ演劇をする。
・準備物：□犬，ウサギ，猿，ヘビの絵カード

1 導入（10分）

❶ 英語の歌「Left and Right」を歌う。（3分）

❷ 3年生の復習（Unit 3 How many？）をする。（4分）

教材10～11ページを開けさせ，何がいくつあるか尋ねていきます。

T：How many baseballs？　（**C**：Five.）

T：How many pencils？　（**C**：Seventeen！）

10～11ページの中からあるものを選び，How many quiz をします。
誰が何を選んだのかを当てます。

T：How many？

C1：Thirteen. Please guess.

T：Thirteen？ Cherry Tomatoes！！

C1：Yes. That's right.

数回，教師と児童とで行った後には，児童同士でやらせるとよいでしょう。

❸ 絵本「Who are you？」を読み聞かせをする。（3分）

絵本の読み聞かせをします。
3回目なので，一緒に言える表現は言わせていきます。

T：Today, let's read together. What does a dog say？
　　One,....

C：One, two, three, four, five....

T：Ready or not！　Here I come！ I see....

C：Something white. I see something black.

教師がデジタル教材の文字を追って，児童に言わせていきます。

②展開（25分）

❶ 4人1組で，ミニ演劇を行う。（12分）

犬とウサギ，猿，ヘビの4人に分かれて，ミニ劇を行います。

4人グループにします。

グループで，配役を決めます。

教材34〜36ページを参考に，自分たちで劇を考えるように言います。

ミニ劇の例

C1：I am a dog.

C2：I am a rabbit.

C3：I am a monkey.

C4：I am a snake.

C1/2/3/4：Let's play hide and seek !

C1：One, two, three,.... Ready or not ? Here I come !

I see something white ! Are you a rabbit ?

C2：Yes, I am. I am a rabbit. I am white !

\ ポイント /

ジェスチャーをつけたり，表情豊かに行ったりするように言います。

❷ ミニ発表会を行う。（13分）

指名なしで発表させていきます。始めと終わりに拍手を送ります。

T：拍手が終わったら始めてください。（終わったら）拍手！

\ ポイント /

自分たちから前に出る気持ちを育てていくため，指名や順番は決めずに，やりたいグループから前に出てくるよう自主性を育てていきます。

③まとめ（5分）

振り返りカードに気付いたこと，学んだことなどを書かせ，学んだことを発表させます。

unit 9

34 Who are you? きみはだれ？

第4時

・目　標：登場人物（犬，ネズミ，牛，馬）になり切って，ミニ演劇をする。
・準備物：□犬，ネズミ，牛，馬の絵カード

1 導入（15分）

❶ 英語の歌「Left and Right」を歌う。（3分）

❷ 3年生の復習（Unit 4・5）をする。（7分）

教材14〜15ページを開けさせ，何があるか尋ねていきます。

T：What do you see on these pages ?

C：House !

T：How many houses ?

C：Six houses.

好きなもの（色，果物，野菜，スポーツ）を尋ねていきます。

T：I like yellow and orange. What color do you like ?

C1：I like pink and blue.

T：Look at pages 18 and 19. What fruit do you like ?

C2：I like watermelons.

T：You like watermelons ? Me too.

数回，教師と児童とで行った後には，児童同士でも Small Talk をさせてみましょう。

隣の人とペアになり，机を向かい合わせ，「好きなことを英語で話してみましょう」と指示を出しましょう。

❸ 絵本「Who are you？」を読み聞かせをする。（5分）

4回目の絵本の読み聞かせをします。

絵に隠れているものを尋ねながら，児童とやり取りをしながら行います。

T：What do you see on this picture ?

C：A dog ! Tree ! Rabbit ! Monkey. Grapes ! Snake !

T：O.K. One, two, three, four,...（読み聞かせをします）

②展開（20分）

❶ ４人１組で，ミニ演劇を行う。（10分）

犬とネズミ，牛，馬の４人に分かれて，ミニ劇を行います。

４人グループにします。

グループで，配役を決めます。

教材37～38ページを参考に，自分たちで劇を考えるように言います。

ミニ劇の例

C1：I am a dog.

C2：I am a mouse.

C3：I am a cow.

C4：I am a horse.

C1/2/3/4：Let's play hide and seek !

C1：One, two, three,.... Ready or not ? Here I come !

I see something small ! Are you a mouse ?

C2：Yes, I am. I am a mouse. I am small !

\ ポイント /
１回目よりも，２回目の方が児童も慣れてきて上手に演じられるでしょう。

❷ ミニ発表会を行う。（10分）

指名なしで発表させていきます。始めと終わりに拍手を送ります。

T：拍手が終わったら始めてください。（終わったら）拍手！

\ ポイント /
　児童が演じている様子をビデオに撮るなどして，後で自分たちの劇を見させると，客観的に自分の姿を見ることとなり，より上手に演技するようになっていきます。

③まとめ（5分）

振り返りカードに気付いたこと，学んだことなどを書かせ，学んだことを発表させます。

unit 9

35 Who are you？ きみはだれ？

第5時

・目　標：登場人物（犬，トラ，羊，鶏，いのしし，竜）になり切って，ミニ演劇をする。
・準備物：□アルファベットカード　□犬，トラ，羊，鶏，いのしし，竜の絵カード

1 導入（15分）

❶ 英語の歌「Left and Right」を歌う。（3分）

❷ 3年生の復習（Unit 6）をする。（7分）

　アルファベット A から Z まで教師の後に繰り返させ，発音を確認します。特に次のような
アルファベットの発音を確認しましょう。

日本語にない音を含むアルファベット	F, V
似た音をもつアルファベット	B, V / G, Z / M, N
カタカナ日本語に注意	A / C / H / K / L / M / N / V
二重母音になるアルファベット	A / J / K / O

　アルファベットカードを見せながら，イニシャル Who am I クイズをします。

T：Hello. I am H.K. I am a character. I am a cat. I am cute. I am white.

　　I have a red ribbon on my head.

C：Hint, please.

T：I am a Sanrio character.

C：Hello Kitty !

T：That's right.

　同様に，クラスメートや先生を答えにして問題を出すよいでしょう。

❸ 絵本「Who are you？」を読み聞かせをする。（5分）

　5回目の絵本の読み聞かせをします。

　「今日は，誰が何の役をやるかな？」と言いながら，読み始めます。

　児童は，何の役をするか興味津々だと思います。

②展開（20分）

❶ 6人1組で，ミニ演劇を行う。（10分）

犬とトラ，羊，鶏，いのしし，竜の6人に分かれて，ミニ劇を行います。

6人グループにします。

グループで，配役を決めます。

教材39〜40ページを参考に，自分たちで劇を考えるように言います。

ミニ劇の例

C1：I am a dog.

C2：I am a tiger.

C3：I am a sheep.

C4：I am a chicken.

C5：I am a wild boar.

C6：I am a dragon.

C1/2/3/4/5/6：Let's play hide and seek !

C1：One, two, three,.... Ready or not ? Here I come !

I see something scary ! Are you a tiger ?

C2：Yes, I am. I am a tiger. I am scary !

\ ポイント /
最後の仕上げであることを言い，工夫を入れるようにします。

❷ ミニ発表会を行う。（10分）

指名なしで発表させていきます。始めと終わりに拍手を送ります。

T：拍手が終わったら始めてください。（終わったら）拍手！

③まとめ（5分）

振り返りカードに気付いたこと，学んだことなどを書かせ，学んだことを発表させます。

unit 9

英語の発音　この音は気をつけよう②
−/ f / 音と /v/ 音

　日本語にない音です。実際は下唇をそんなに噛まなくても発声できるのですが，最初は，下唇を軽く噛んで，「フッ」と息を出すようにします。私は，下唇を噛んだ状態で，下唇に柿の種を乗せて，「フッ」と吹き飛ばす感じでやってごらんと言います。

f と v（摩擦音）の口の形

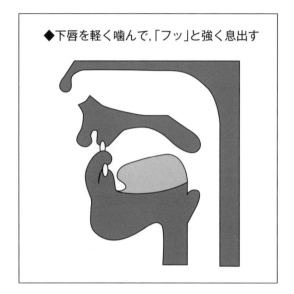

◆下唇を軽く噛んで,「フッ」と強く息出す

/ f /	/ v /
① face　　（顔）	① vase　　（花瓶）
② feel　　（感じる）	② veal　　（子牛の肉）
③ fan　　（扇風機・ファン）	③ van　　（〈車〉バン）
④ life　　（生活・人生）	④ live　　（生きている・生の）
⑤ half　　（半分）	⑤ have　　（持っている）
⑥ leaf　　（葉っぱ）	⑥ leave　　（去る）
⑦ off　　（離れて）	⑦ of　　（〜の）
⑧ safe　　（安全な）	⑧ save　　（貯金する・助ける）

Unit 4　ワークシート　　　　　　Class（　）　Number（　）　Name（　　　　　　　）

すきなものを言って，じこしょうかいをしよう

★あなたのすきなものは何ですか？　じぶんのに顔絵をまん中に書き，まわりにあなたの
すきなものすきでないものの絵をかきましょう。

＊Ａ3に拡大して，表裏に磁石を貼りましょう。ラミネートをかければバッチリ！

100	50	× 2
200	10	× 3
300	20	× 5
500	30	100
←→	←→	←→

100	350	× 2
200	70	× 3
300	120	× 5
500	730	×10
←→	←→	←→

アルファベット大文字 BINGO

てじゅん１　アルファベット26文字（A~Z）から25文字をえらんで，下のマスにじゆう
　　　　　に書いていきましょう。

てじゅん２　先生がアルファベットを20こ読み上げます。読み上げた文字を〇します。

てじゅん３　たてに５つ，よこに５つ，ななめに５つ，いくつビンゴになるかな？
　　　　　ビンゴチャンピオンを決めよう！

A B C D E F G H I J K L M N O P Q R S T U V W X Y Z

だれにどんなカードをわたして，どんなことをつたえたいですか

だれに	どんなカード	つたえたいこと

Unit 7 ◀ ワークシート　　　　　Class (　) Number (　) Name (　　　　　　)

だれにどんなカードをわたして，どんなことをつたえたいですか

だれに	どんなカード	つたえたいこと

ヒント・クイズをつくろう

★3つのヒントを考えましょう。　日本語で書きましょう。

ヒント1　（　　　　　　　　　　　　　　　　　　　　　　　　　　　）

ヒント2　（　　　　　　　　　　　　　　　　　　　　　　　　　　　）

ヒント3　（　　　　　　　　　　　　　　　　　　　　　　　　　　　）

★答えとなる絵をかきましょう。

Date：　　　月　　　日（　　）

Today's Aim：＿＿＿＿＿＿＿＿＿＿＿＿＿＿＿＿＿＿＿＿＿＿＿＿＿＿＿

★今日のじゅ業はどうでしたか。番号に〇をしましょう。

5	4	3	2	1
とても楽しかった	楽しかった	ふつう	楽しくなかった	つまらなかった

そうおもった理由は何ですか？

Date：　　　月　　　日（　　）

Today's Aim：＿＿＿＿＿＿＿＿＿＿＿＿＿＿＿＿＿＿＿＿＿＿＿＿＿＿＿

★今日のじゅ業はどうでしたか。番号に〇をしましょう。

5	4	3	2	1
とても楽しかった	楽しかった	ふつう	楽しくなかった	つまらなかった

そうおもった理由は何ですか？

Date：　　　月　　　日（　　）

Today's Aim：＿＿＿＿＿＿＿＿＿＿＿＿＿＿＿＿＿＿＿＿＿＿＿

	じこひょうか	できた				できない
①	楽しく学習できた。	5	4	3	2	1
②	せっきょくてきに英語をたくさん話すようにした。	5	4	3	2	1
③	友だちやペアときょう力して学習することができた。	5	4	3	2	1

新しく知ったこと，がんばったこと，友だちのよかったところなどを書きましょう。

Date：　　　月　　　日（　　）

Today's Aim：＿＿＿＿＿＿＿＿＿＿＿＿＿＿＿＿＿＿＿＿＿＿＿

	じこひょうか	できた				できない
①	楽しく学習できた。	5	4	3	2	1
②	せっきょくてきに英語をたくさん話すようにした。	5	4	3	2	1
③	友だちやペアときょう力して学習することができた。	5	4	3	2	1

新しく知ったこと，がんばったこと，友だちのよかったところなどを書きましょう。

時間	今日のめあて	ふりかえり
1		◎今日のじゅ業はどうでしたか？ よくできた　できた　できなかった　まだまだ ◎その理由は何ですか？
2		◎今日のじゅ業はどうでしたか？ よくできた　できた　できなかった　まだまだ ◎その理由は何ですか？
3		◎今日のじゅ業はどうでしたか？ よくできた　できた　できなかった　まだまだ ◎その理由は何ですか？

時間	今日のめあて	ふりかえり
4		◎今日のじゅ業はどうでしたか？ よくできた ／ できた　できなかった ／ まだまだ ◎その理由は何ですか？

じゅ業をふりかえって

★次のようにあなたの学習をふりかえってみましょう。

　5（よくできた）　4（できた）　3（ふつう）　2（できなかった）　1（ぜんぜんダメだった）

①	楽しく学習ができましたか。	5　4　3　2　1
②	友だちときょう力して学習することができましたか。	5　4　3　2　1
③	たくさん英語を話そうとしましたか。	5　4　3　2　1
④	英語の発音に気をつけて言おうとしましたか。	5　4　3　2　1
⑤	歌やチャンツでは，元気よく歌おうとしましたか。	5　4　3　2　1
⑥	ゲームではルールを守って，楽しくやろうと思いましたか。	5　4　3　2　1
⑦	先生や友だちの話をよく聞こうとしましたか。	5　4　3　2　1

◎このじゅ業を通して，どんなことが分かったり，できるようになったりしましたか。

◎次のじゅ業でがんばりたいことは何ですか。

【著者紹介】

瀧沢　広人（たきざわ　ひろと）

　1966年東京都東大和市に生まれる。埼玉大学教育学部小学校教員養成課程卒業後，埼玉県公立中学校，ベトナム日本人学校，公立小学校，教育委員会，中学校の教頭職を経て，現在，岐阜大学教育学部准教授として小学校英語教育の研究を行う。

　主な著書は，『小学校英語サポートBOOKS　絶対成功する！外国語活動・外国語5領域の言語活動＆ワークアイデアブック』，『小学校英語サポートBOOKS　Small Talkで英語表現が身につく！小学生のためのすらすら英会話』，『小学校英語サポートBOOKS　導入・展開でクラスが熱中する！小学校英語の授業パーツ100』『小学校英語サポートBOOKS　英語教師のためのTeacher's Talk & Small Talk入門－40のトピックを収録！つくり方から使い方まで丸ごとわかる！』『小学校英語サポートBOOKS　単元末テスト・パフォーマンステストの実例つき！小学校外国語活動＆外国語の新学習評価ハンドブック』（以上　明治図書）他多数。

〔本文イラスト〕木村美穂

絶対成功する！外国語活動
35時間の授業アイデアブック　小学3年

2020年3月初版第1刷刊	©著　者	瀧　沢　広　人
	発行者	藤　原　光　政
	発行所	明治図書出版株式会社

http://www.meijitosho.co.jp
（企画）木山　麻衣子（校正）吉田　茜
〒114-0023　　東京都北区滝野川7-46-1
振替00160-5-151318　電話03(5907)6702
ご注文窓口　電話03(5907)6668

＊検印省略　　　組版所　株式会社木元省美堂

Printed in Japan　　　　ISBN978-4-18-338518-5
もれなくクーポンがもらえる！読者アンケートはこちらから
→